루소의 『에밀』 읽기

**세창명저산책_041**

# 루소의 『에밀』 읽기

**초판 1쇄 발행**  2016년 1월 15일
**초판 2쇄 발행**  2021년 11월 18일

‒

**지은이**  이기범
**펴낸이**  이방원
**기획위원**  원당희
**편  집**  김명희·안효희·정조연·정우경·송원빈·조상희
**디자인**  손경화·박혜옥·양혜진  **영 업**  최성수  **마케팅**  김 준

‒

**펴낸곳**  세창미디어

신고번호 제2013-000003호  **주소** 03736 서울시 서대문구 경기대로 58 경기빌딩 602호
**전화** 723-8660  **팩스** 720-4579  **이메일** edit@sechangpub.co.kr  **홈페이지** http://www.sechangpub.co.kr
**블로그** blog.naver.com/scpc1992  **페이스북** fb.me/Sechangofficial  **인스타그램** @sechang_official

‒

**ISBN**  978-89-5586-414-4 03370

ⓒ 이기범, 2016

세창명저산책_041

Jean Jacques
ROUSSEAU

이기범 지음

# 루소의 『에밀』 읽기

세창미디어
MEDIA

# 머리말

"한 사람을 바꾸는 일이 세상을 바꾸는 일"이라는 신념이 교육을 이끈다. 그런 교육 활동과 제도는 그 자체로 타당성이 있어야 하지만, 그 정당성은 더 성숙한 인간을 기르고 더 이상적 사회를 만드는 데 기여하는 것이어야 한다. 그런데 교육 활동을 더 타당하게 만들려는 '꼼꼼한' 시도들과 교육제도를 더 정당하게 만들려는 '대범한' 시도들 사이에 균열이 발견된다. 그것은 미시적 접근과 거시적 접근 사이에서 일어나는 균열이기도 하지만 결국 교육실천 안에서 일어나는 균열이다. 나는 교육학을 연구하며 현실에서 실천하려고 노력하고 있고, 그런 실천으로부터 교육학을 공부하겠다는 결심을 하게 되었기 때문에 그런 분열이 더 크게 느껴진다.

그럴 때 루소의 『에밀』을 다시 만나게 되었다. 사회 개혁의 큰 구상을 하고 그것을 실현할 수 있는 한 사람을 만드는 교육을 세심하게 설계한 책. 『에밀』은 그저 자연에서 한 아이를 아름답게 기르는 낭만적인 이야기가 아니다. 루소는 『에밀』에서 근대사회가 타락하게 된 원인을 파헤치고 보잘것없는 존재로 전락한 인간의 모습을 폭로한다. 그러나 인간에 대한 희망과 애정을 잃지 않고, 인간이 가진 실낱같은 힘을 사회변혁의 큰 힘으로 키울 수 있는 교육을 제시하고자 모든 경험과 지혜를 쥐어짜 낸다. 루소는 인간을 신비화하지 않고 그렇다고 격하하지도 않는다. 오히려 인간이 가진 나약함을 강인해져야 하는 조건으로 적시하고 정성을 다하여 한 인간을 가꾸는 교육에 관해 이야기한다. 그런 교육 덕분에 자기이해와 자생의 힘을 갖춘 에밀은 자신의 능력과 한계를 인식하고, 동료들과의 협력을 통하여 공생과 상생을 도모하는 시민으로 성장하게 된다. 그렇게 교육받은 양식 있는 한 시민에 의하여 사회변혁이 시작될 수 있다.

　루소가 꾸는 꿈은 원대하고 실행하는 교육은 섬세하다. 분석은 신랄하지만 처방은 따뜻하다. 관찰은 현실적이지만 전망은 희망적이다. 물론 『에밀』에는 모순도 있고 비약

도 있다. 에밀처럼 사회에서 완전히 격리되어 성장하는 것
도 불가능하고, 소피처럼 교육받기를 원하는 여성은 현실
에 존재하지 않을 것이다. 『에밀』에서 제시되는 교육은 인
간을 만들기에는 적합하지만 시민을 만들기에는 미흡하다
는 비판도 있다. 이 책에서도 그런 쟁점들을 소개하지만 충
분히 다루지 못하는 것을 아쉽게 생각한다. 그럼에도 『에
밀』은 우리가 결코 잊어버리지 말아야 할 것, 교육의 근본
이유를 깨닫게 해 준다는 것은 분명하다. 한 사람의 변화로
부터 세상의 변화가 시작된다는 믿음이 교육을 하는 이유
이다. 『에밀』에서 우리가 확인해야 할 것은 사람과 사회에
대한 희망을 견인할 수 있는 교육을 향한 루소의 의지와 상
상력이다. 『에밀』은 교육이 가능성의 언어이고 희망의 언
어인 것을 증언한다.

　『에밀』은 욕망이 찬양되고 분출되는 이 시대의 교육에 더
욱 뜻깊은 책일 수 있다. 기성세대는 일종의 '엄숙주의' 세
대로서 욕망은 부끄러운 것이니 이성으로 욕망을 통제해야
한다고 배웠다. 요즈음 젊은 세대는 욕망이 크게 확장되었
을 뿐 아니라 욕망에 매우 충실하다. 그래서 '쾌락주의' 경

향이 두드러지기도 하지만 욕망을 충족하기란 쉽지 않을뿐더러 그 부작용도 만만치 않다. 욕망에 충실한 세대는 다른 한편으로 욕망에 시달린다. 학생들을 가르치는 나는 요즈음 학생들이 적잖이 두려움과 불안에 시달리고 있는 것을 느낀다. 그 주된 원인은 욕망의 성취와 관련된 것 같다. 물론 개인차가 있지만 공통적으로 학생들은 아무리 노력해도 원하는 대학이나 직장에 들어갈 수 없다는 불안을 느낀다. 욕망을 추구하기 어렵게 하는 무한 경쟁체제의 구조적 문제와 더불어, 확장된 욕망을 만족시킬 수 있는 조건과 능력을 구비하기 어려운 데서 불안과 두려움이 증가하는 것 같다. 욕망은 삶의 원동력이기도 하지만 좌절의 원인이 되기도 한다. 그러므로 욕망은 장려되는 동시에 조절되어야 한다. 과연 욕망의 장려와 조절은 동시에 가능할까?

욕망에 대처하는 처방으로 먼저 치유와 자기긍정훈련을 통하여 자신의 가치를 인식하고 행복감을 증진하여 욕망을 효과적으로 상쇄하자는 권유가 사회적으로 널리 퍼지고 있다. 이에 관한 책들이 베스트셀러로 등장하고, 텔레비전에서는 힐링 프로그램이 방영된다. 다른 처방은 더욱더 철저히 무한 경쟁을 준비하여 욕망을 쟁취하라는 것으로서, 학생들은 취업에 유리하다는 과목을 집중 수강하고 자기계발서를 열독하며 '스펙'으로 무장해야 한다. 다양한 처방에 인문학마저 동원되기도 한다. 이러한 대처 방식은 어느 정도 효과가 있을 것이다. 그러나 이런 처방은 대부분 불안과 두려움을 완화하는 일시적인 '대중요법'으로 보이며, 사회의 욕망 수용체제나 개인의 욕망구조를 변화시키는 '원인요법'으로는 보기 어려울 것 같다.

더 '좋은 삶'을 살고자 하는 욕망은 인정해야 한다. 그렇다면 욕망을 추구하되, 욕망을 더 좋은 삶의 비전과 연관시킬 가능성을 생각해 봐야 할 것이다. 대표적인 도덕이론에서 이러한 가능성을 찾으려 해도 그런 이론에서는 욕망에 대한 고려가 충분하지 못한 것 같다. 그렇다고 쾌락지상주의가 바람직한 선택이 될 수도 없다. 이런 맥락에서 『에밀』은 엄숙주의와 쾌락주의의 양극단을 비켜 가면서 실현 가능한 대안을 제시할 수 있을 것이다.

『에밀』은 욕망은 충분히 인정하되, 타인을 통하여 욕망을 충족하는 방식을 지양하고 자생력을 길러서 욕망을 추구하는 교육을 제안한다. 역설적으로 들릴지 몰라도 자생력이 있어야 자신의 한계도 알게 되므로, 자신과 마찬가지로 한계를 갖고 사는 사람들과 공감하고 존중하며 협력할 방안을 찾게 된다. 루소는 사람들과 더불어 공생하고 상생할 방안이 바로 '사회계약'에 참여하는 것이라고 설명한다. 사회계약은 개인의 이익을 욕망하는 '특수의지'가 아니라 공동의 이익을 추구하는 '일반의지'에 의하여 입법되어야 한다. 일반의지를 형성하고 사회계약에 참여할 수 있는 사람이 시민이며, 그런 시민에게는 특별한 자질과 능력이 요구된다. 『에밀』은 그런 시민을 기르는 교육을 제시한다. 교육받은 시민은 고립된 상태에서 자신의 욕망을 추구하는 것이 아니라, 다른 시민들과 함께 서로의 욕망이 실현되는 적정 지점을 찾아내어 함께 좋은 삶을 개척할 수 있게 된다.

오늘날의 무한 경쟁 속에서 소수의 욕망은 충족될지 몰라도 다수의 욕망은 좌절되며, 그 소수의 충족 상태도 결코 견고한 것은 아니다. 『에밀』은 이런 각박한 세태에 욕망 추구의 대안을 일러 준다. 자신의 욕망과 타인의 욕망을 조절하여 모두에게 유리한 정치적 구조를 만들어야 하며, 그런 구조를 만들 수 있는 시민을 양성하는 교육이 필요하다는 것이다. 이런 필요성에서 『에밀』은 정치를 이야기하고 시민의 윤리와 교육을 이야기한다. 루소가 『에밀』을 쓸 때 가장 크게 영감을 받은 책이 플라톤의 『국가론』이다. 물론 『국가론』은 정치에 관한 책이지만 그 내용은 그런 정치를 만들어 갈 수 있는 폴리스의 구성원들이 갖추어야 할 자질이 무엇이며(윤리학), 그런 자질을 어떻게 교육할 것인가(교육학)에 관한 책이다. 『국가론』과 『에밀』은 닮은꼴로서 정치학, 윤리학, 교육학의 책인 것이다. 『국가론』에서는 정치, 윤리, 교육의 중심에 통치자 계급이 있는 반면 『에밀』에서는 시민이 있다. 『에밀』은 주권을 가진 시민들이 스스로를 통치해야 하는 근대정치의 윤리와 근대교육의 청사진을 제시한다.

이 책은 『에밀』을 대체하는 것이 아니라, 독자들이 직접 『에밀』을 읽는 것을 돕기 위하여 펴낸다. 여러 해 동안 대학 학부생들과 교사들에게 강의한 내용을 기초로 자주 받았던 질문에 대한 해석과 설명을 염두에 두면서 책을 썼다.

책의 구성은 1장에서는 루소의 삶을 소개하여 『에밀』을 쓰게 된 역사와 생애사의 맥락을 이해하게 하고, 루소의 저작 중 『에밀』과 관련이 많은 글들을 소개하여 그의 사상에서 『에밀』이 갖는 의의를 파악할 수 있게 한다. 2장에서는 '인정투쟁struggle for recognition'의 개념을 중심으로 『에밀』을 읽는 관점과 현재적 의의를 설명한다. 또한 욕망과 능력의 조절이 주제가 된다. 3장에서는 『에밀』에서 전제되거나 등장하는 개념들 그리고 중심이 되는 철학인 자연주의교육을 설명한다. 4장에서는 『에밀』의 구성을 소개하고 1권부터 5권까지 각 권의 주요 내용과 의미를 정리한다. 마지막으로 5장에서는 『에밀』이 그 후의 교육과 철학에 기여한 바를 소개하면서 글을 맺는다.

이 책의 일부분은 저자가 2014년 6월에 『교육철학연구』 36권 2호(pp.121-143)에 발표한 「루소의 도덕교육에서 정념, 이성과 동정의 상호작용」의 일부 내용을 책의 취지에 맞게 다듬은 것임을 밝힌다.

| CONTENTS |

1. 우리말로 번역된 『에밀』은 여러 종류가 있다. 이 글에서는 정병희의 번역본 (2007, 서울, 동서문화사)을 쓴다. 본문에서 우리말 번역본을 인용할 때는 연도를 표기하지 않고 쪽 수만 표기한다. 필요한 경우 앨런 블룸(Allan Bloom)의 영문 번역본 'Emile, or on education'(1979, New York: Basic Books)의 해당 부분을 번역하고 필자의 번역임을 표시한 후, 우리말 번역본에서도 찾을 수 있게 쪽 수를 표기하였다. 두 책 모두 번역한 원본을 명시하지 않아서 어떤 판본을 번역하였는지 알 수 없다.

2. 인터넷으로 『에밀』의 불어판 'Émile, ou De l'éducation'을 〈Wikisource〉에서 볼 수 있다(https://fr.wikisource.org/wiki/%C3%89mile,_ou_De_l%E2%80%99%C3% A9ducation). 바버라 폭슬리(Barbara Foxley)의 영문 번역본(1921, London & Toronto: J. M. Dent and Sons; 1921, New York: E.P. Dutton)도 〈Online Library of Liberty〉의 인터넷 사이트에서 볼 수 있다(http://oll.libertyfund.org/titles/2256).

3. 루소의 저서 중 『인간불평등 기원론』은 콜(G. D. H. Cole)의 영문 번역본 'The social contract and discourses'(1979, New York: Everyman's Library) pp.27-114에 실린 'A discourse on the origin of inequality'를 사용하였다. 본문에서 인용할 때는 'OI'로 표기한다. 『사회계약론』은 같은 책 pp.164-278에 실린 'The social contract'를 활용하였으며 본문에서 인용할 때는 'SC'로 표기한다. 이 글들의 우리말 번역본은 최석기의 『인간불평등 기원론/사회계약론』(2013, 서울, 동서문화사) 등 여러 종류가 있다.

# 1장
## 루소의 삶과 글


## 1. 루소의 삶

루소는 자신을 '역설투성이의 인간man of paradoxes'이라고 부른다. 그럴 만한 것이 그는 제대로 된 교육을 받지 못하였으나 교육의 고전으로 꼽히는 『에밀』을 썼다. 그는 방탕하고 기이한 삶을 살았으나 『에밀』에서 인간의 도덕성을 강조한다. 게다가 인간의 강인함이 아니라 허약함을 성장의 조건으로 꼽는다. 루소의 삶은 출생부터 사망까지 고난과 방랑의 연속이었다. 그러나 숱한 고난 속에서도 끈질기게 시대의 모순에 저항했고, 거듭된 방랑 속에서도 희망의 가능성을 포기하지 않았다. 그는 그런 저항과 희망에서 생각과 글을 길어 올렸다. 루소는 이방인이자 경계인으로 어디에도 속하지 않았다. 그렇기 때문에 시류에서 비켜나 근대를 비판하고 대안을 상상할 수 있었으며, 『에밀』을 쓸 수 있었다.

루소는 1712년 6월 28일 스위스 제네바에서 시계공이었던 아이작Issac의 둘째 아들로 태어났다. 그가 태어난 집(Grand-Rue 40, 1204 Geneva)은 지금도 보존되어 있고, 나도 가본 적이 있다. 어머니 수잔Suzanne Bernard은 제네바 종교장관의 딸로서 결혼할 당시 부부의 결합은 환영받지 못했다고 한다. 어머니는 출산 후유증으로 그를 낳은 지 9일 후에 사망했다. 어머니의 죽음은 루소에게 감당하기 어려운 충격을 안겨 주었다. 그는 "나의 출생은 나의 첫 불행이 되었다"라고 회고한다. 어머니의 죽음과 그에 대한 죄의식으로 인하여 루소에게 일종의 모성 콤플렉스가 생겨난 것으로 보인다. 루소의 분방한 여성편력도 모성 갈망과 무관하지 않은 것 같다. 루소는 매우 병약하게 태어나서 병치레가 끊이지 않았지만 다행히 고모가 극진하게 돌봐 주어 생존할 수 있게 되었다고 한다. 루소의 유일한 형은 루소가 어릴 때

가출했다고 한다.

루소는 그를 끔찍이 사랑하는 아버지와 함께 독서에 열중하면서 글을 배우게 된다. 제도교육에 대한 그의 불신은 아마 독학獨學과 관련이 있을 것이다. 루소는 『플루타르크 영웅전』을 가장 애독했다고 회고하는데, 자신을 그리스나 로마 사람인 것처럼 생각하면서 "한 공화국의 시민으로 태어나서 조국을 열렬히 사랑하는 아버지의 아들인 나는 아버지를 본떠 그런 것에 정열을 불태우고 있었다"라고 『참회록』에서 말한다. 그가 애국심이 강한 시민과 이상적인 시민사회를 기획하는 데 어린 시절의 독서와 아버지의 영향이 밑거름되었을 것이라고 짐작된다. 루소가 10살 때 결투에서 칼을 빼 들었다는 죄목으로 아버지가 제네바에서 추방되는 사건이 일어난다. 이로 인하여 루소는 아버지와 헤어져서 두 해 동안 삼촌 가족과 함께 보제Bosey라는 시골에서 살게 된다. 불행할 수도 있었던 루소는 나이가 들어서도 그 시절을 회상할 정도로 매우 행복한 나날을 보냈다고 고백한다. 사촌들과 라틴어와 수학도 배우는 등 공부도 하면서 농촌생활을 즐겁고 유익하게 경험했기에 루소는 자연이 가져다 준 교육적 의미를 깨달을 수 있었을 것이다.

　루소의 집안 어른들은 그가 시계공, 변호사, 목사 가운데 하나의 직업을 택하기를 기대했다고 하나 루소 자신은 목사가 되기를 희망했다. 그래서 가족의 후원을 못 받은 루소가 처음 하게 된 일은 공증업무를 배우는 것이었는데, 견습과정에서 무능하다는 이유로 해고된다. 이후 5년 동안 시계 금속가공 수습공으로 일하게 된다. 루소는 그런 일 자체가 싫지는 않았다고 말하지만, 지적 활동은 전혀 하지 못하고 폭력과 폭언에 시달리면서 방탕으로 나날을 보냈다고 회고한다.

　루소는 16살이 된 1728년 3월의 어느 날, 친구들과 성 밖으로 놀러 나갔다가 통행금지 시간을 넘겨서 돌아오지 못하게 된 것을 핑계로 집을 떠나게 된다. 일정한 거처가 없이 방랑을 하다가 제네바에서 8km쯤 떨어진 사부아Savoy 지방의 한 사제의 집에 머물면서 진지한 대화를 나누게 된다. 루소는 『에밀』의 4권에 나오는 '사부아 보좌신부의 신앙고백'이 이때 있었던 일에 기초하여 쓴 것이라 밝히고 있다. 사제는 사람들의 영혼을 구하려고 애쓰는 인정 많고 홀

륭한 부인이 있다고 소개하면서, 루소를 바랑de Warens 부인에게 보낸다. 루소는 1733년에 바랑 부인을 만나게 된 것을 두고 자신의 성격과 인생을 결정지은 사건이라고 고백한다. 28세인 바랑 부인은 루소를 '어린 것'이라 불렀고 루소는 그녀를 '엄마'로 부르며 전적으로 의지했다고 한다. 루소는 젊고 아름다운 '엄마'를 추종하였고, 그녀와 그녀의 지인에게 교양과 학문을 배운다. 또한 그녀의 권고로 가톨릭학교에 다니면서 가톨릭으로 개종하였다. 학교에서 라틴어와 공연예술을 배우고 아리스토텔레스Aristoteles의 철학 등도 공부했다. 그녀와는 만남과 이별을 반복하며 특이한 연인관계를 유지한다. 이때부터 루소는 10년 가까운 기간 동안 일생에서 가장 집중적으로 책을 읽고 공부하며 그의 생각을 다듬고 글을 쓰기 시작한다.

1740년 바랑 부인의 소개로 리옹Lyon에 가서 지역 치안 책임자인 장 마블리Jean Mably의 두 아들을 가르치는 가정교사가 된다. 한 해 남짓한 가정교사 노릇은 그리 성공적이지 못했다고 한다. 이렇게 신통치 못한 교육자였던 루소가 『에밀』을 썼다는 것은 흥미로운 일이다. 이 기간에 루소는 마블리의 두 형제를 만나는데, 그중 한 사람이 유명한 철학자인 콘딜락Condillac이었다. 그는 로크Locke의 경험론을 발전시켜 오직 감각이 모든 인식과 지식의 원천이라는 감각론sensualism을 주장하였다. 루소가 『에밀』에서 오감의 발달이 인지 발달의 기초라고 강조하게 된 데에는 이러한 감각론의 영향을 받은 것으로 추정된다. 루소는 다른 형제인 가브리엘Gabriel과도 계속 친교를 유지하는데 이런 인연으로 1770년에 폴란드의 한 정치인으로부터 함께 폴란드 정치개혁안을 의뢰받았다. 1772년 루소는 『폴란드 정부에 대한 고찰』을 완성한다.

1742년 루소는 파리로 가서 자신이 창안한 음악기보법을 소개하면서 음악가로 등장한다. 작곡과 가정교사 일을 하다가, 1743년 이탈리아 베니치아Venice 공화국 주재 프랑스 대사의 비서로 일하게 되지만 1년도 못 되어 대사와 다투고 사직한다. 1745년 파리로 돌아온 루소는 결혼하지 않는다는 조건으로 하숙집 하녀 테레즈 르바쇠르Levasseur와 동거를 시작한다. 1746년 첫 아이가 태어나자 곧바로 고아원으로 보낸다. 2년 후에 태어난 둘째 아이도 역시 고아원으로 보내고 계속해서 다섯째 아이까지 모두 고아원에 맡긴다. 루소는 『에밀』과 『참회록』에서 이러한 행태를 통렬하게 반성하고 후회한다. 『에밀』에서는 "애정을 느끼면서도 신성한 의무를 게을리하는 자에게 나는 말한다. 그 사람(아버지로서의 의무를 수행하지 못한 자)은 자기의 과오를 뉘우치며, 오랫동안 쓰디쓴 눈물을 흘리며 결코 위안을 받지 못할 것이다"라고 말한다. 『참회록』에서는 "나는 내 아이들을 고아원에 맡기는 것이 시민으로서 또 아버지로서의 행위에 위배되지 않는다고 믿을 만큼 플라톤이 말한 공화국의 일원임을 자처했다. 그러나 그 뒤 여러 번에 걸쳐 끓어오르는 후회는 나의 잘못을 분명하게 가르쳐 주었다"라고 반성한다. 루소 자신도 변명의 여지가 없다고 하지만 굳이 사정을 헤아려 본다면, 형편이 쪼들려서 양육할 처지가 못 되었고, 부모가 아이를 돌보지 않고 양육기관에 보내는 당시의 풍조에도 편승한 처사인 것 같다.

1749년 루소는 '백과사전학파'로 불리는 계몽주의 철학자이자 수학자인 달랑베르d'Alembert의 권유로 『백과사전 Encyclopédie』의 음악 편을 집필하게 된다. 그해 친구인 디드로 Diderot가 반종교적인 글을 쓴 혐의로 투옥되어 그를 만나러 가는 길에 운명적으로 디종 Dijon 학술원의 현상 논문 공고를 보게 된다. 그 주제는 '학문과 예술의 르네상스가 도덕을 타락시켰는가, 발전시켰는가?'로서, 루소는 "이것을 읽는 순간 내 눈앞에는 다른 세계가 전개되었고, 나는 다른 인간이 되었다"라고 술회한다. 제출한 논문 「학문예술론」이 최우수로 당선되어 루소는 드디어 학자로서 주목받게 되었고 우리가 알고 있는 루소로서의 경력을 펼치게 된다. 평생 애증관계를 되풀이하게 될 파리 학계와 인연을 맺게 된 것이다.

파리 거주 기간 중 루소는 오페라 작곡을 계속하여 성공을 거둔다. 그가 작사하고 작곡한 오페라 〈마을 점쟁이 Le devin du village〉는 1752년 10월, 루이 15세를 위하여 연주되어 작곡가로서도 인정을 받는다. 오페라를 좋아한 왕이 루소를 만나자고 하였지만 타고난 수줍음 때문에 회피한다. 왕으로부터 연금을 받을 수도 있는 기회였지만 이때문에 그의 삶은 빈곤하고 검소할 수밖에 없었다.

1754년 5월 루소는 두 번째 대표작인 『인간불평등 기원

론』을 발표한다. 이 논문은 앞의 논문과 달리 학술원의 현
상 공모에 낙선된 것을 출판한 것이다. 이 논문에서 루소는
근대사회가 약속과 달리 불평등을 조장하는 타락한 사회라
며 신랄하게 비판하고, 인간이 자연 상태에서 갖고 있었던
순수성에서 사회 개혁의 가능성을 찾는다. 같은 해 6월에
학자로서 명성을 얻은 루소는 제네바로 귀향하여 칼뱅주의
개신교로 복귀하고 시민권을 복권한 후 파리로 돌아온다.
루소는 고향 제네바 공화국에 『인간불평등 기원론』을 헌정
하면서 제네바를 이상적인 도시국가로 찬양한다. 후에 발
표하는 『사회계약론』에서도 제네바 공화국은 자유국가의
본보기로 그려진다. 루소는 제네바를 고향으로서뿐 아니
라 자유와 평등의 이상으로 여기고, 제네바의 시민으로 강
한 애정과 긍지를 지닌 채 스스로를 '제네바의 자유 시민
citoyen de Genève'이라고 불렀다. 이 별칭은 1762년 『에밀』 출
판 본에 저자 이름과 함께 쓰이고 다른 책에서도 실명과 함
께 자주 등장하는 것으로 루소의 긍지가 느껴진다. 이런 배
경에서 루소가 좋은 시민교육은 조국애를 심어 주는 교육
이며, 조국애는 종교 수준의 강력한 감성인 '시민종교'로 체

화되어야 한다는 주장을 하게 된 것으로 여겨진다.

1756년 루소는 파리 상류사회의 가식과 타락에 염증을 느끼고 시골로 이주하여 집필에 몰두한다. 이때 『에밀』과 『사회계약론』을 쓰기 시작했으며, 1758년 홉스Hobbes를 비판하는 짧은 글을 발표한다. 이 글에서 루소는 인간의 자연상태를 야만의 상태로 규정한 홉스를 비판하면서, 홉스가 본 야만의 상태는 이미 왜곡된 사회제도에 의하여 타락한 유산계급의 삶을 관찰한 것으로서 본말이 바뀐 주장이라고 지적한다. 즉 홉스가 주장하는 "만인에 의한 만인의 투쟁 상태"라는 야만의 상태는 자연 상태가 아니라 사회제도에 의하여 이미 타락한 삶의 모습이라는 것이다. 루소는 이상적인 공동체로 진화할 가능성을 자연의 상태에서 찾을 수 있다고 홉스에 반박한다. 자연의 순수성에 대한 믿음은 이미 『인간불평등 기원론』에서부터 등장하지만 더 다듬어지면서 『에밀』 교육론의 전제가 된다. 1760년 루소는 『신엘로이즈』라는 소설을 출판한다. 이 소설은 루소의 글 중 가장 대중적인 것으로서 베스트셀러로 각광을 받는다. 특히 상류층 여성들로부터 큰 호응을 받았다고 한다.

1762년 루소는 그의 가장 위대한 저작인 동시에 가장 혹독한 시련을 안겨 주게 될 『에밀』과 『사회계약론』을 출판한다. 『인간불평등 기원론』이 인간과 사회의 부자유와 불평등이 생기는 과정을 제시한 반면 『사회계약론』에서는 자유와 평등을 실현할 수 있는 청사진을 제시한다. 『에밀』은 『사회계약론』을 실현하는 데 기여할 수 있는 시민을 교육하기 위한 구상으로서 루소의 말을 따르면 "20년의 사색과 3년의 집필"을 거친 가장 중요한 저작이다.

『에밀』과 『사회계약론』은 신의 존재와 영혼의 불멸성을 부정하고 종교를 인간의 양심과 자연으로 대체한다. 『에밀』에서는 '개인종교'가 그리고 『사회계약론』에서는 '시민종교'가 절대적 교리를 대체하는 일종의 이신론理神論, deism 으로 나타난다. 1762년 6월 가톨릭교회는 이런 주장을 신성모독으로 간주하고 『에밀』을 '악서'라고 단죄한다. 6월 9일 파리고등법원은 유죄 판결과 함께 루소를 체포하고 『에밀』을 불태울 것을 명한다. 이미 출판된 책들은 압수되어 6월 11일 파리에서 불태워진다. 루소는 스위스로 피신하지만 고향 제네바에서도 체포령을 내리고 『에밀』과 『사회계약론』 또한 불태워진다. 그 후 스위스의 베른공화국과 여러 지역을 전전하면서 숨어 지낸다. 프로이센의 산골 마을에 은둔하면서 쓴 글 「산에서 쓴 편지」에서 자신의 의도는 분명 기독교가 '좋은 사람'을 만들지만, 천국에 대한 믿음 때문에 세상에 초연하게 함으로써 '나쁜 시민'을 만드는 부작용이 있음을 걱정하는 것뿐이었다고 해명하지만 오히려 더 교회를 자극한다.

루소는 1763년 5월 그가 사랑하던 제네바의 시민권을 버린다. 1764년에는 동료 철학자 볼테르Voltaire가 익명의 글에서 루소의 자녀유기를 폭로하여 사람들의 비난이 쏟아지게 된다. 1765년 9월에는 그가 살던 산골 지역 사람들이 자신의 집에 돌을 던지는 봉변도 당했다. 여러 해 동안의 도피와 은둔으로 심신이 망가진 루소는 영국 철학자인 친구 흄Hume의 권유에 따라 1766년 1월 영국으로 건너간다. 런던에 도착할 때 러시아식 털가죽 모자에 아르메니아식 외투를 입은 기이한 모습을 보여 세간의 관심을 끌었다는 일화가 전해진다. 루소의 초상화 중 이런 모습을 한 그림은 영국 체류 기간 중 스코틀랜드 화가 램지Ramsay가 그린 것으로 현재 스코틀랜드 국립초상화미술관에 전시되어 있다. 램지는 루소의 초상화를 그리면서 흄과 루소의 우정을 기리고자 흄의 초상화도 같이 그렸고 그 그림도 현재 같은 미술관에 전시되어 있다고 한다. 흄은 영국 왕 조지 3세로부터 루소가 매년 100파운드의 지원금을 받도록 주선하는 등 루소를 위하여 많은 수고를 했다. 그러나 불행하게도 루소는 흄의 호의를 의심하고 그도 자신을 멸시하고 있다고 비난하면서 영국을 떠난다. 르노Renou라는 가명을 써서 몰래 프랑스로 돌아온 루소는 1768년 오랜 동반자인 르바쇠르와 가명으로 혼인신고를 한다.

1770년 루소는 파리로 돌아와서 오랫동안 작업하던 『참회록』을 완성하여 공개적으로 자신의 일생을 성찰한다. 『참회록』은 루소 생전에 부분적으로 발표하였지만 사후에야 출판이 이루어진다. 1772년 『폴란드 정부에 대한 고찰』을 제출(1782년에 출판)하여 이상적 공화국의 시민이 갖추어야 할 덕목과 헌법 개혁의 방안을 제시하고, 『에밀』에서 제시한 교육을 실현할 수 있는 교육제도를 기획한다. 1776년 『루소가 장 자크를 심판하다』를 쓰는데, 그의 성과 이름을 나누는 방식으로 자아를 나누어서 '루소'와 '프랑스인' 두 사람이 '괴물'이라고 불리는 '장 자크'를 두고 벌이는 대화로 구성된 작품이다. 루소가 말년에 정신분열증에 시달리며 쓴 이 작품은 자신의 그런 모습을 잘 반영한 것이기도 하지만 외로움과 괴로움이 절실하게 느껴지기도 한다. 1777년 또 다른 고백록인 『고독한 산책가의 몽상』을 쓴다. 그 첫 문장은 "드디어 나는 이 세상에 홀로 남고 말았다. 이제 형제도 친구도 이웃도 없이, 세상에서 완전히 혼자 남게 되었다. 누구보다도 사람을 좋아하고 친절했던 나를 그들이 작당하여 추방한 것이다. 그들은 나를 매장하고 즐거워하고 있지 않을까?"로서 루소의 뼈저린 고독이 묻어나는 독백이다.

말년의 루소는 파리 근교 에르므농빌Ermenonville의 시골에 머물면서 사람들에게 따돌림받은 상처를 자연에서 치유하며 식물학 연구에 전념하였다. 그러다가 1778년 7월 2일 아침 산책을 마친 후 오전 11시에 갑자기 세상을 떠나고 7월 4일 근처 포플러Poplars 섬에 매장된다. 화가 모로Moreau가 그린 〈루소의 유언The Last Words of Jean-Jacques Rousseau at Ermenonville *in 1778*〉에서 아내에게 창문을 열어 달라고 청하는 루소의 마지막 모습이 묘사되어 있다. 이 그림을 통해 루소의 마지막 말이 "자연을 더 보고 싶다. 창문을 열어 다오"라고 전해지지만 실제로 그러했는가는 확인할 수 없다. 루소의 데스마스크는 스위스 제네바대학교 루소기념관에 전시되어 있다. 루소의 시신은 프랑스혁명이 절정에 이른 1794년에 프랑스의 자유와 평등에 공헌한 사람들을 기리고자 만들어진 일종의 국립묘지인 판테온Pantheon으로 이장된다. 루소의 맞은편에는 앙숙이었던 볼테르가 누워있다고 한다. 1783년 루소가 남긴 미완성 원고가 정리되어 『에밀』의 후속편이라 할 수 있는 『에밀과 소피, 혹은 새로운 교육체계 *Emilius and Sophia: Or, A New System of Education*』가 출간되었다.

루소는 근대의 대표적 사상가로 인정받고 있다. 『에밀』은 가장 탁월한 교육 고전의 하나로 꼽히며, 오늘날까지 많은 사람에게 교육을 성찰하고 전망할 수 있는 영감을 불어넣고 있다. 그의 다른 저작들도 널리 읽히지만 이미 말한 대로 루소가 제대로 된 교육을 받은 것은 아니다. 아버지와 함께했던 독서와 그 이후의 독학과 자습 그리고 짧게 학교를 재학한 것이 전부이며 그것을 통해 스스로 식견을 쌓았다. 교육 경력을 보자면 가정교사 경험이 있지만 단기간에 그쳤고 그 성과도 변변치 않았다고 한다. 그의 삶 또한 파란만장했다. 견습생 시절에는 거짓말과 좀도둑질을 일삼았다고 고백하며, 가출한 이후에는 갖가지 직업을 섭렵했다. 작가, 음악교사, 작곡가, 지휘자, 하인, 비서, 토지등기소 직원 등 일일이 열거하기 힘들 정도로 다양한 일을 하였다. 무위도식하면서 패륜과 사기를 저지르고 여러 계층의 여성들과 벌인 애정행각도 난잡했다고 알려져 있다. 더욱이 자녀 다섯을 모두 고아원에 보낸 처사는 무자비한 일이었다. 학자로서 명성을 얻은 후에는 볼테르 등 동료철학자들과 다툼이 잦았고 우울증이 심해질 때는 시골에서 요양하며 스스로를 고립시켰다. 특히 『에밀』과 『사회계약론』 출판 이후 말년까지 박해와 탄압을 피한 도피와 은둔의 시절은 더욱 비참하고 고독했다.

루소의 글을 읽다 보면 괴팍한 주장도 있고 모순된 내용도 발견할 수 있다. 『에밀』에서도 군데군데 그런 내용이 튀어나오고 오늘의 관점에서 보면 거슬리기까지 하는 내용도 있다. 그러나 인간과 사회가 어떻게 잘못되어 가고 있는 지 그리고 인간은 어떤 사회에서 어떤 삶을 살아가야 하는 지에 대한 루소의 비판과 대안은 불완전할지라도 어떤 철학자들과도 다르게 특별하다. 다르고 특별하기 때문에 그의 사상이 우리의 통찰력과 상상력을 자극한다. 루소도 자신은 결코 모범적이지 못하지만 특별하다고 항변한다. 그래서 『참회록』을 "나는 내가 보아 온 그 누구와도 같지 않다. 그리고 나는 현재 살아 있는 그 누구와도 같지 않다. 내가 남보다 나은 인간은 아닐지라도 적어도 나는 남들과 다르다"로 시작한다.

　루소의 삶을 통해 남들이 하는 삶을 따라 대학에 가고 스펙을 쌓고 직장을 선택하는 요즈음의 세태를 다시 생각해 볼 수 있겠다. 그런 삶의 방식도 있겠지만 남들과 다른 생각과 다른 선택으로 자신의 삶을 이끌어갈 길을 찾을 수도 있지 않을까? 어느 고등학교에서 학생들에게 삶의 십계명을 가르치는데 그중 하나가 "앞을 다투어 모여드는 곳은 절대 가지 마라. 아무도 가지 않는 곳으로 가라"라고 한다. 두렵기도 하고 힘도 들겠지만 획일적 선택이 아니라 특별한 선택이 우리 삶의 진정성과 존엄성을 증진시킨다. 또한 그러한 가능성을 루소의 삶으로부터도 찾아볼 수 있겠다.

## 2. 『에밀』을 중심으로 본 루소의 글

　　루소의 많은 글 중에서 『에밀』을 읽는 데 가장 도움이 되는 글로 『인간불평등 기원론』과 『사회계약론』을 들 수 있다. 『에밀』은 '사회계약'을 통해 자유와 평등을 확대하여 '인간불평등'의 현실을 개혁하는 데 기여할 수 있는 시민을 교육하기 위한 구상이다. 『인간불평등 기원론』에서 루소는 근대사회가 약속과 달리 불평등을 조장하는 타락한 사회라는 점을 신랄하게 비판한다. 루소는 인간의 불평등을 자연적 불평등과 정치적 불평등으로 구분한다. 자연적 불평등은 타고난 육체에서 비롯된 것으로 나이의 차이, 체력의 차이가 이에 해당한다. 자연적 불평등은 인간이 통제하거나 개입할 수 없는 불평등이므로 루소의 관심 대상이 아니다. 정치적 불평등은 자연적 불평등과 달리 인위적으로 생겨난 불평등으로서 재산과 권력의 차이에서 비롯되며, 윤리적 불평등이라고도 부른다. 근대시민사회가 지향하는 평등의 원리는 개인의 욕망과 자유를 확장할 가능성을 제공하였으나, 인간들이 그 가능성을 소유욕에 대한 집착으로 왜곡시켰다고 루소는 비판한다. 루소는 법과 제도가 재산과 권력을 가진 자의 이익을 증진하는 도구로 전락하였기 때문에 불평등이 확대된다고 지적한다. 루소는 빈부격차를 조장하는 제도도 문제이지만 더 근본적인 원인은 인간 내적인 문제, 즉 재산과 권력에 대한 집착과 탐욕이라고 지적한다. 루소에 의하면 근대사회에서 신분과 관계없이 모든 사람이 욕망을 갖게 되면서 부자들은 권력과 재산을 더 늘리고 사치하고 과시하려는 욕망을 키우고, 빈자들은 부자들에 대하여 상대적 박탈감을 느끼게 되었다. 빈부 계층 모든이가 권력과 재산에 집착하게 되면, 그들의 존재감은 권력과 재산소유의 과다로 대체되고 결국 존재의 자유를 상실하는 결과가 초래된다. 그런 이유에서 정치적 불평등은 곧 윤리적 불평등이 되는 것이다. 루소는 근대사회가 인간 자유의 가능성을 확장하는 계기를 제공하였으나, 인간이 탐욕에 집착하여 자유를 잃게 된 것이 자연의 질서로부터 소외된 결과라고 주장한다.

『사회계약론』에서 루소는『인간불평등 기원론』에서 지적한 사회 타락의 원인인 개인적 탐욕과 '개별의지'를 공익과 공공선을 추구하는 '일반의지'로 대체하여 사회를 개혁해야 한다고 제안한다. 『사회계약론』은 그 유명한 문장, "인간은 자유롭게 태어났으나 모든 곳에서 사슬로 매여 있다"로 시작된다. 이 문장은 탐욕의 구속(사슬)만을 표현하는 것이 아니라 해방을 통한 자유 회복의 염원도 담고 있다. 루소는 구속으로부터 해방되려면 시민들이 직접 주권을 행사하는 것이 최우선의 원칙이라고 주장한다. 대의정치나 입헌군주정치에 반하여 시민의 직접 참여를 분명하게 요구한다. 단 주권 행사는 개별 이익 추구가 아니라 공동의 이익에 적합해야 한다. 시민들이 주권을 행사하되 모두의 이익에 부합되는 정치 규칙을 만들고자 하는 의지가 '일반의지general will'이다. 일반의지는 모든 사람의 이익이 평등하게 보장되는 행위와 정책이다. 이는 단순히 개별의지를 합한 것은 아니다. 모든 시민이 재산의 많고 적음에 관계없이 평등하게 주권을 갖는 동시에 자신의 주권을 공동체에 양도하는 올바른 '사회계약'을 맺음으로써 형성된다. 루소에 의하면, 자신의 권리를 개별적이고 임의로 행사하는 것이 아니라, 시민사회의 일원으로서 모두의 권리와 자유가 보장될 수 있는 입법에 평등하게 참여하면 그 법은 개별의지가 아니라 일반의지를 반영하게 된다고 한다. 일반의지가 반영된 법의 집행은 역사적 인물인 솔론solon, 칼뱅calvin 등과 같이 적합한 통치자를 선출하여 정부에 위임하게 된다. 사회계약 속에서 모든 시민은 평등하고 자유로운 주권자가 되며, 그 사회는 일반의지에 의하여 통합되는 사회가 될 수 있다는 것이다. 예를 들자면 시민들이 재산권을 개별적으로 행사하는 것이 아니라 재산권 행사에 관한 입법, 즉 개인과 공공의 이익이 함께 증진될 수 있도록 입법에 참여하여 일반의지를 형성하자는 제안이다. 이런 제안을 사회계약에 '구속'되어야 자유로워진다는 뜻으로 해석하면 역설이라고 말할 수 있다. 이 제안이 역설적이지 않기 위해서는 사회계약에 강제로 참여하는 시민이 아니라 자유의지에 의하여 사회계약을 선택해야 하며, 그런 선택을 할 수 있는 양식과 자질을 갖춘 시민이 필요하다. 양식과 자질을 갖추어야 입법에 참여하는 모든 시민이 자신의 이익만을 위하여 투표하는 것이 아니라 공공을 고려하는 도덕적 투표를할 수 있게 된다. 이런 시민들은 천국을 위한 기독교를 믿는 대신 현실에서 실현되는 사회계약과 이상국가를 마치 '시민종교'처럼 여기고 신봉해야 한다. 시민들이 '시민종교'를 믿고 양식과 자질을 갖추게 하기 위하여 강력한 시민교육이 필요하다. 루소는 그런 시민교육의 비전을 제시하기 위하여 『에밀』을 쓴 것이다.

루소는 사회에 일반의지를 구현할 수 있는 시민을 양성하는 방안으로 강력한 교육을 제안하며, 『에밀』에서 그러한 교육의 원리와 방향을 제시한다. 즉, 루소는 아동이 교육을 통하여 이상적인 시민으로 성장할 수 있음을 보여 주기 위하여 『에밀』을 썼다. 루소는 플라톤이 『국가론』에서 제안하는 내용에 따라 아동을 오염된 사회로부터 격리한 상태에서 교육하여 진정한 영혼을 가꾸는 도덕적 시민으로 만들어 이상사회를 실현하고자 한다. 그러나 플라톤이 사회 개혁의 주도 세력으로 교육받은 탁월한 통치자들을 제안한 반면, 루소는 교육받은 자유로운 시민들이 사회 개혁을 주도할 수 있다고 믿었다. 이러한 구상에서 루소는 그의 정치철학을 구체화한 『사회계약론』과 『에밀』을 거의 동시에 집필하고 같은 해에 출판하였다. 『에밀』의 마지막 부분인 5권에서는 에밀이 다른 시민들과 함께 만들어야 할 사회의 모습으로 『사회계약론』의 주요 내용을 요약하고 있다. 루소는 『에밀』이 자신의 저작 중 "최고이고 가장 중요한 글"이라고 자랑한다. 교육받은 시민에 의하여 자유와 평등의 사회계약이 추진될 수 있기 때문에 『에밀』은 루소에게 가장 의미가 큰 저작이다. 『에밀』의 부제가 '교육에 관하여On Education'이지만, 교수학습법 등의 교육방법론에 초점을 두고 『에밀』을 읽는 것은 적절하지 않다. 사회 개혁을 위한 교육구상으로 『에밀』을 읽어야 하며, 이를 위하여 루소의 인간과 사회에 관한 견해를 이해하려는 노력이 필요하다.

# 2장
## '인정투쟁'의 관점에서 본
## 『에밀』의 현재성


앞서 설명한 대로 루소는 근대사회가 인간의 자유와 평등을 훼손할 정도로 타락했다고 비판한다. 일차적인 원인으로 경제력과 정치력의 불평등 그리고 이로 인한 자유의 제약이 지적된다. 이러한 진단이라면 루소 이후에도 많은 학자가 비슷한 주장을 하므로 그리 새로울 것이 없다. 우리는 더 많은 사람이 경제력과 정치력을 소유하게 된 것은 환영할 일이지만 그만큼 사회가 자유롭고 평등해지지는 않는다는 것도 잘 알고 있다. 경제력과 정치력 같은 권력은 자유와 평등에 필요조건이기는 하지만 충분조건은 아니다.

루소의 근대 비판이 오늘의 우리에게도 유효한 이유는

사회 타락의 근본 원인이 인간의 과다한 욕망과 그로 인한 인간관계의 왜곡이라는 것을 예리하게 드러냈기 때문이다. 나는 얼마 전 우리를 놀라게 한 사건에서 루소의 비판이 여전히 유효하다고 인식한다. 재미동포 여고생이 하버드대학과 스탠퍼드대학에 동시에 합격하였다는 뉴스가 전해졌고 그 학생의 인터뷰도 보도되었는데, 곧 그 부모까지 가담한 거짓이었음이 밝혀졌다. 왜 그런 거짓말을 하게 되었을까? 욕구가 강한 사람은 자신의 욕구를 현실에서 충족할 수 없을 때 사람들에게 인정받는 허구의 인물로 행세하거나 거짓말을 일삼게 되고, 허구의 자신과 거짓말을 진실로 믿고 행동하게 된다고 한다. 이를 '리플리 증후군Ripley Syndrome'이라고 하는데, 그 여학생과 부모가 보인 행태도 여기에 속하는 것 같다. 이 증후군은 패트리샤 하이스미스 Patricia Highsmith가 쓴 『재능 있는 리플리 씨The Talented Mr. Ripley』 (1955)라는 소설에 나오는 주인공의 이름에서 유래하였다. 이 소설에서 호텔 종업원인 리플리는 재벌 아들인 친구를 죽이고, 죽은 친구로 신분을 속여 그의 인생을 대신 살아간다. 소설은 1960년에 프랑스에서 영화 〈태양은 가득히〉로 만들어졌고, 1999년에는 소설 제목대로 〈리플리*The Talented Mr. Ripley*〉로 다시 만들어졌다. 또 다른 비슷한 사건으로 학력과 경력을 위조한 '신정아 사건'이 2011년에 있었고, 이 사건을 모티브로 한 티브이 드라마 〈미스 리플리〉가 방영되기도 했다. 이런 사건들은 루소가 말한 근대의 타락, 즉 지나친 욕망의 추구가 인간의 자유를 앗아가고 인간관계를 피폐하게 만드는 '병리적 현상'으로 현재에도 지속되고 있음을 잘 보여 준다.

사실 이런 '사건'은 남의 일이 아니라 오늘을 사는 우리 모두의 일일 수 있다. 우리는 언제 기쁜가? 다른 사람들에게 좋게 인정받고 칭찬받을 때일 것이다. 그래서 "칭찬은 고래도 춤추게 한다"라는 말까지 있지 않은가? 우리는 언제 괴로운가? 아무도 자신을 가치 있는 존재로 인정해 주지 않을 때, 그래서 자신을 존재감이 없는 인간으로 느낄 때일 것이다. 좋은 학력이나 경력을 추구하는 데에는 실리 추구라는 이유도 있겠지만 사람들에게 인정받고 싶은 욕망도 크게 작용한다. 인간의 존재감은 인정에 의하여 결정된다고 말해도 지나치지 않을 것이다. 또한 사람은 성취한 결과

물 자체로 인정받기도 하지만 다른 사람이 성취한 것과의 비교 때문에 덜 인정받고 더 인정받기도 한다. 루소는 근대 사회에서 모든 사람이 끊임없이 인정받기를 욕망하고, 특히 다른 사람과의 비교를 통해 더 인정받으려는 탐욕에 집착한다고 지적한다. 이런 집착은 더 인정받으려는 투쟁, 즉 '인정투쟁struggle for recognition'으로 나타난다. 과도한 인정투쟁의 폐해는 자신의 존재감이 자신이 아니라 타인에 의하여 결정되는 것 그리고 지속적인 비교로 인하여 인정 욕구를 결코 만족시킬 수 없다는 데 있다. 그 결과 모든 사람의 진정성 그리고 자유와 평등이 훼손되는 것이다. 루소에 의하면 지나친 인정투쟁으로 인간은 자신이 주도하는 삶이 아니라 타인의 평가에 의존하는 삶을 살게 되었고, 그 결과 자유와 평등으로부터 더 멀어지게 되었다.

루소는 이에 대한 대안으로 타인에 의존하는 사람이 아니라 자생력과 자신감이 있는 사람 그리고 서로 경쟁만 하는 것이 아니라 서로 존중하는 인간관계를 만드는 데 참여할 수 있는 사람을 내세우고, 『에밀』에서 그런 사람을 기르는 교육을 제안한다. 그런 사람이 바람직한 시민으로서 사회계약에 참여하여 자유롭고 평등한 사회를 건설하기를 기대할 수 있다. 근대보다 더 발전한 현대사회에서 인정투쟁은 더 치열해지고 자유와 행복은 더 위축되었다는 것에 동의한다면 『에밀』의 제안은 지금도 유효하다. 이러한 관점으로 『에밀』을 읽을 때, 『에밀』은 현재진행형의 텍스트로서 오늘의 사회와 인간 그리고 교육을 돌아보고 전망하는 계기가 될 수 있다.

## 1. 인정투쟁으로 인한 인간과 사회의 몰락

근대에 들어서면서 비로소 모든 인간이 가치 있는 존재라는 인식이 생겨났다. 누구나 가치를 인정받을 수 있고 인정받기 원하게 되면서 자신의 가치를 더 인정받기 위한 경쟁이 시작되었다. 이러한 경쟁이 바로 인정투쟁이다. 루소는 근대사회에서 나타난 인정투쟁을 최초로 공론화한 인물로 여겨진다. 물론 인간이 타인에게 인정받고자 하는 욕망자체가 새로운 것은 아니다. 봉건사회에서는 타고난 사회적 지위와 신분으로 사람의 가치를 인정하였다. 근대사회에서는 태생에 따른 신분 질서를 해체하고, 평등하고 자유로운 개인이 자신의 능력에 의해 성취한 것으로 그 사람의 가치를 인정하게 된다. 근대 전의 인정 방식은 '귀속주의' 그리고 근대의 인정 방식은 '업적주의'라고 부른다.

근대의 업적주의 사회에서 모든 개인은 잠재력을 가지고 있는 것으로 간주되고, 잠재력을 능력으로 발휘하는 만큼 타자로부터 존재감과 존엄성을 인정받게 되었다. 자신의 가치를 인정받을 수도 있고 인정받지 못할 수도 있게 된 것이다. 자신이 성취한 것에 대한 평가를 타인에게 의존하는 경향이 늘어날수록 학력, 재력, 권력 등 타인에게 과시할 수 있는 '간판'을 더 획득하고 더 많은 인정을 쟁취하려는 경쟁이 과열된다. 전근대신분사회에서는 명예가 자부심self-esteem의 기준이지만 근대시민사회에서는 성취와 성취에 대한 인정이 그 기준을 대신하게 되는 것이다. 루소는 근대사회에서 특히 소유와 의견을 통하여 성취를 인정받으려는 욕망이 팽배해진다고 지적한다. 근대의 인간들은 필요 이상의 지식과 재산 등을 소유하여 타인에게 과시하고 인정받고자 한다. 또한 권력도 획득하여 자신의 의견이 다른 의견을 압도하는 데서 자부심을 충족시키고자 한다.

근대적 이성의 진보 덕분에 과학기술이 발달하여 생산이 증대되었고 인간의 삶은 풍요로워질 수 있었다. 그러나 루소는 이성 덕분에 생산은 획기적으로 증대하였지만 그 이성으로 인하여 삶이 피폐해졌다고 관찰한다. 이성이 사회관계에서 타자와 자신을 비교하고 타자에 대한 우월감을 확보하는 수단으로 기능하면서 도구적 이성으로 전락하여 삶을 피폐하게 만든다. 부와 권력 자체로 만족하지 못하고 타인의 부와 권력과 비교하여 자신이 우위에 있음을 확인한 후에야 자신의 존재감을 확인하는 경향은 자신의 존재감을 타인에게 의존하는 경향으로 대체된다. 루소는 인간이 스스로 자기 존재감과 진정성authenticity을 확인하는 데 이성을 사용하지 못하고, 대신 타인의 의견에 의존하거나 우월감을 확보하는 데 사용하는 성향이 확산되는 것을 개탄한다. 자신을 이해하고 가꾸려는 삶이 아니라 남에게 잘 보이려는 욕망에 매달리는 삶은 공허하다. 또한 루소는 위선이 진정성의 자리를 대신하는 현상을 비판하고, 근대적 인간의 위대한 자질로 여겨지는 이성이 그런 현상을 부추긴다고 지적한다. 그리고 이성의 왜곡은 근대의 몰락과 인간의 타락으로 이어진다고 증언한다.

사람들이 재력과 권력의 추구와 더불어 그것에 대한 타인의 인정을 쟁취하기 위한 투쟁에 집중하면, 승리하건 패배하건 늘 두려움과 불안에 떨게 된다. 루소는 사회 갈등의 가장 큰 원인이 인정을 둘러싼 갈등에서 비롯된다는 것을 밝히면서 어떤 대가를 치르더라도 타인 의존적 자부심은 결코 충족될 수 없다고 단언한다(SC. 3-4). 왜냐하면 인정투쟁 과정에서 각자는 자신이 타인을 인정해 주는 '주인'이라고 착각하지만 사실 자신도 남들의 인정에 의존하는 '노예'이므로 모든 사람이 타인에게 자신의 존재감을 맡기는 노예로 전락하기 때문이다.

헤겔Hegel은 루소의 주인과 노예 개념을 활용하여 인정투쟁에 대한 해석을 더 발전시킨다. 헤겔이 제시하는 인정투쟁 구도에서도 타인을 인정할 수 있는 힘이 있는 사람은 주인으로, 인정을 구할 수밖에 없는 사람은 노예로 설정된다. 이 투쟁에서 주인은 승자가 되고 노예는 패자가 된다. 그러나 결국 승자 또한 손상을 입는다. 왜냐하면 승자가 쟁취한 인정은 원래부터 자신보다 열등한 노예로부터 얻은 인정이므로 가치가 없는 것으로 여겨지기 때문이다. 인정투쟁은 한때는 승자가 있지만 종국에는 모두 패자가 되는 게임이다. 헤겔은 투쟁에 관련된 모든 사람이 승패와 관계없이 늘 불안에 떨고 소진되어 결국 자기소외alienation에 빠지게 된다고 설명한다. 오늘날 더욱 경쟁이 치열해지고 그 경쟁에는 승자가 있는 것처럼 보이지만 패자뿐 아니라 승자의 불안감도 더 가중되는 것을 바로 이런 소외로 해석할 수 있겠다. 주인-노예 구도는 서양철학에서 자주 등장한다. 그러나 사회관계를 분석하는 개념 틀로는 루소와 헤겔에 의하여 도입되었다고 볼 수 있다. 이 개념 틀은 유산계급과 무산계급의 갈등관계(마르크스) 그리고 윤리에서의 주인-노예 관계(니체) 등 다양한 방식으로 변형되어 활용된다.

루소는 인정투쟁에서 승리할수록 오히려 불안하고 공허해지는 심리를 등산에 비유하여 설명한다.

그중 몇몇은 행복해진 것으로 보일 것이다. 그러나 보이는 것 너머를 보는 사람은 성공했어도 실상이 비참한 것을 꿰뚫

어 볼 수 있을 것이다. 그들이 행운의 혜택을 입을수록 불안
과 근심이 더 널리 퍼지고 커지는 것을 볼 것이다. 숨을 헐떡
이며 전진하나 결국 목표에 도달하지 못했음을 알게 될 것이
다. … 알프스를 넘은 것이라 생각하고 정상에 섰을 때 더 높
은 산을 발견하고 실망하게 되듯 …(331. 필자의 번역).

재산이 많아질수록 상실에 대한 두려움과 동시에 증식
을 향한 강박에 시달린다는 사례를 생각하면 위 비유를 이
해하기 쉽겠다. 더 성취한 사람일수록 계속해서 성취와 인
정을 욕망하지만 무한 성취와 무한 인정은 불가능하다. 인
정투쟁에 집착하는 사람들은 모두 존재의 자유를 상실하게
된다. 부와 권력의 소유자도 마찬가지이다. 인간에게는 자
유가 제공되었으나, 인정투쟁에 집착하여 자유를 잃게 된
다. 루소는 이를 자연의 질서로부터 소외된 역사 과정의 결
과, 즉 자유롭게 태어난 인간이 사슬에 매이게 되는 것이라
고 표현한다. 근대사회의 위대한 약속으로 여겨지는 자유
와 평등이 과도한 인정 욕구 때문에 시들게 되는 것이다.
　루소가 이성이 인정투쟁을 걷잡을 수 없이 과열시킨다

고 비판하는 이유를 두 가지로 다시 정리해 보자. 첫째, 이성은 과학기술의 발달을 통하여 생산을 비약적으로 증대시킴으로써 인간들이 무한 욕망의 추구가 가능다고 착각하게 한다. 둘째, 루소는 비교를 인정투쟁 과열의 기폭제로 간주하는데 바로 이성이 비교를 부추긴다. 타인과 자신의 비교는 "위대한 사람의 마음속에선 거만해지고 비천한 사람들의 마음속에서는 허영이 되며 모든 사람의 마음속에서 끊임없이 주위 사람을 희생"시킨다고 루소(288)는 관찰한다. 물론 루소도 비교가 늘 해로운 것이 아니라는 점을 알고 있다. 타인의 고통과 자신의 고통을 비교할 때, 그 비교는 공감과 동정심을 촉진하여 도덕 발달의 계기가 된다. 그러나 근대의 이성은 이타심을 유도하는 비교가 아니라 이기심을 증폭시키는 비교만을 추동推動하여 자신의 욕망 추구에만 매달리게 한다. 루소는 인간들이 인정투쟁의 수단으로 이성을 그릇되게 사용하여 이기심에 집착하고 자유를 상실하는 결과가 초래되었다고 진단한다.

이러한 인정투쟁의 부작용을 극복하기 위한 방안을 예시하기 위하여 루소는 『에밀』을 펴낸 것이다. 그러한 부작용을 극복하기 위한 『에밀』만의 독특한 교육방법을 간략하게 말하자면, 기존의 방식과 같이 삐뚤어진 이성을 바로잡아 이성이 인간의 발달을 이끄는 방식이 아니다. 대신 감정이 발달을 주도하여 인간이 자연 상태에서 갖고 있던 건전한 감정을 교육을 통하여 회복하고, 자생력과 진정성을 확장함으로써 지나치게 타인에게 의존하는 잘못을 저지르지 않도록 안내하는 방식이다. 자생력이 있는 진정한 인간이 되어야 비로소 동등한 개인들과 함께 공존의 조건인 사회계약을 모색할 수 있다. 루소는 구체적 타인에 대한 공감과 동정심이 발달하면, 이성은 동정심의 발달에 상응하여 도덕 발달에 요구되는 판단, 추론, 성찰의 기능을 제공하도록 교육해야 한다고 주장한다. 인정투쟁에 오염되지 않은 자연 상태의 감정이 발달의 중심이 되고, 이성은 인지적 기능으로 그 발달을 보조해야 한다는 루소의 입장이 그의 교육사상을 '자연주의교육'이라고 부르는 이유 중 하나이다.

## 2. 인정투쟁의 극복을 위한 교육

루소는 교육을 통하여 인정투쟁의 폐해를 극복할 가능성을 인간의 자연 상태의 순수성에서 이끌어 낸다. 이런 구상을 이해하기 위하여 루소가 하나의 서사narrative처럼 구성한 인간과 사회의 변화 과정을 먼저 살펴보자. 루소의 서사는 ① 자연의 순수성 단계, ② 사회의 타락 단계, ③ 이상적 사회의 실현 단계로 펼쳐진다. 루소는 이 서사에서 ②가 현실이지만 그것이 필연적이라는 것을 거부하고 ③이 실현 가능하다고 믿으면서, 그 실현 동력을 ①에서 찾는다. 『에밀』은 ③을 실현할 방안으로서 ①을 교육을 통하여 재구성하려는 기획이다.

이런 서사 단계는 마음의 변화로 사회가 변화되는 데 초점을 두므로 마음psyche의 역사라고 부른다. 또한 이것은 사실을 그대로 옮기는 서사가 아니라 자신의 기획을 설명하고 정당화하기 위한 서사이므로 루소(*OI*. 43, 74)는 '가설적으로 구성된 역사' 그리고 '국면적 역사conjectural history'라고 부른다. 이러한 접근은 개인의 마음뿐 아니라 인류의 마음을 다룬다는 측면에서 '인간학anthropology'의 시작이라고 볼 수 있다. 이러한 재구성에 '실험적 사고'가 적용되는데, 루소는 그러한 사고를 다음과 같이 설명한다.

> 이미 자연의 상태는 더 이상 존재하지 않고, 아마도 존재하지 않았을 수도 있고, 영원히 존재하지 않을 수도 있지만, 현사회를 적절하게 검증할 수 있는 개념을 얻고 이상적 사회의 특성을 도출하기 위하여 실험적 사고는 꼭 필요하다(OI. 39. 필자의 번역).

루소는 실험적 사고를 통해 구성한 서사로부터 인간이 자연에 있었을 때의 순수한 마음을 도출하고, 그 마음을 '반사실적 이상counetrfactual ideal'이라고 이름 짓는다. 마음의 자연적 상태는 근대의 타락한 마음을 비판하고 바람직한 마음을 모색하는 과정에서 참조 개념으로 활용되지만 실제로 이루어질 수는 없는 것이므로 '반사실적 이상'이라고 불린다.

마음이 인간의 발달을 이끈다는 발상은 파격적이다. 왜

냐하면 루소 당대의 계몽주의부터 인간 발달과 사회 발달의 원동력으로 이성을 내세웠기 때문이다. 그러나 루소는 오히려 이성을 불신하고 자연의 순수성으로부터 교육과 사회의 비전을 이끌어 내므로 독창적이라고 평가받고 지금까지 널리 연구된다. 특히 근래 들어 이성에 대한 믿음이 쇠퇴하고 감성과 의지에 대한 관심이 커지면서 루소의 기획은 다시 조명을 받는다.

　더 구체적으로 설명하면, 루소는 인간이 자연 상태에서 갖는 감성을 중심축으로 삼고, 이성은 감성을 적절하게 보조하는 역할을 하는 것으로 설정한다. 이성의 역할은 감성이 주도하는 마음의 발달에 필요한 판단과 성찰을 제공하는 역할로 제한된다. 루소가 제시하는 마음의 발달을 위에서 제시된 서사에 대입하면, ①의 상태는 인간의 순수한 감성이 오직 생존의 자유와 평등에만 작동되는 자연의 상태로서 근대사회의 대안을 도출할 수 있는 잠재적 상태이다. ②는 이성이 절대시되어 인간의 발달을 이끌면서 생존력을 확장하는 동시에 감성을 오염시킴으로써 인정투쟁을 격화시키는 사회적 타락의 상태이다. 그리고 ③은 ②를 지양하고 ①의 상태를 원형으로 삼는 이상적 사회의 상태이다. ③의 상태는 교육을 통하여 적정화된 감성을 이성이 적절하게 보조하여 사람들이 상호존중의 마음을 발달시키고 공통 이익을 추구하게 되는 이상적 시민사회이다. 루소는 교육을 통하여 인류의 마음이 ①을 회복하여 ②를 지양하고 ③을 위한 이상적 상태로 진화하기를 기대한다.

이런 서사구조로 루소의 글을 보면, 그의 사상이 전개되는 초기에 ①과 ②를 제시하기 위하여 『인간불평등 기원론』을 발표하며, 사상이 원숙한 시점에 ③을 위한 정치기획인 『사회계약론』과 교육기획인 『에밀』을 거의 동시에 쓴다. 그리고 『에밀』의 5권인 시민교육 부분에 『사회계약론』의 주요 내용을 발췌하여 싣는다. 이러한 연결 지점에서 사회계약에 참여할 수 있는 인간은 교육을 통하여 육성할 수 있다는 루소의 확신을 확인할 수 있다. 루소는 인간이 관계 맺어야 하는 조건과 연관하여 교육의 유형을 세 가지로 제시하는데, 그것은 사물과 자연의 관계를 위한 교육, 타인과 도덕적 관계를 위한 교육 그리고 동료 시민들과 공민적civic 관계를 위한 교육이다. 세 가지 유형의 교육은 각각 사물교육 혹은 자연교육, 도덕교육, 시민교육으로 구분되고 인간의 발달에 맞추어 단계별로 실시된다.

　루소는 당시의 교육이 인간의 발달 단계와 무관하게 이루어지고 있다고 비판한다. 물론 교육을 통하여 인간도 되고 시민도 되어야 하지만, 발달 단계에 적합하게 인간으로 만든 후 시민이 되도록 교육해야 한다는 것이 루소의 믿음이다. 즉 개인을 인간과 시민으로 동시에 만들 수는 없다는 것이다. 당시의 교육 그리고 지금의 교육은 발달 단계를 고려하지 않고 인간과 시민을 동시에 교육하기 때문에 두 가지 모두에 실패하는 것이다. "인간이면서 동시에 시민인 본보기를 보여 주기를 기대한다"(17)는 루소의 말을 인간교육이 먼저 시행되어 시민교육의 기초를 마련해야 한다는 뜻으로 이해해야 타당하다. 인간교육은 가정교육을 통하여, 시민교육은 공공교육을 통하여 실시된다. 『에밀』의 1권, 2권, 3권은 인간교육과 가정교육의 예시이다. 『에밀』의 5권은 시민적 삶과 이상적 시민사회에 관한 논의로서 시민교육에 투여되고 있다. 4권은 도덕교육에 관한 내용으로서 인간교육을 시민교육으로 연결하는 교육이다.

# 3장
## 『에밀』의 주요 개념

    루소는 자연주의교육을 가능하게 하는 인간의 자질로 자연 상태의 순수성 그리고 감성과 이성을 제시한다. 자연주의교육은 교육을 통하여 감성과 이성을 적절하게 개발함으로써 순수한 자연의 상태에서 인간이 가진 '완전가능성'과 '행위자'로서의 가능성을 실현할 수 있다는 믿음에 기초한다. 자연주의교육을 통하여 자연적 가능성이 실현될 때 바람직한 인간과 시민으로 성장하게 된다. 『에밀』을 읽는 데 도움이 되는 개념인 인간의 완전가능성, 감성과 이성, 자애심과 자존심, 동정심과 도덕성 그리고 자연주의교육에 대해 알아보도록 하자.

## 1. 완전가능성과 행위자

인간은 동물과 구별되는 자질을 갖고 태어나며 그 자질은 흔히 교육의 조건으로 논의된다. 루소는 그 자질을 '완전가능성perfectibility'이라고 제시한다. 완전가능성은 루소가 만든 말로서 인간의 완전가능성은 물론 불완전가능성까지도 포함하는 양면성을 가리킨다. 루소(OI. 54-55. 필자의 번역)는 "완전가능성으로 인하여 인간은 상승할 수도 있고 동물만도 못하게 추락하는 것이다"라고 주장하면서, 그것을 "인간의 지식과 오류 그리고 인간의 선과 악을 생산하여 자신과 자연에 군림하게 만드는 자질"이라고 소개한다. 인간 변화의 방향은 미리 정해지지 않았으며, 성장가능성과 퇴행가능성 그리고 상승가능성과 추락가능성을 동시에 갖고 있다. 관건은 양면적 가능성을 어떻게 개발하고 활용하는가이다. 루소는 완전가능성을 통하여 인간 삶의 조건의 가변성과 불확실성 그리고 그러한 변화에 대처할 수 있는 인간의 유연성plasticity을 부각하려고 하는 것 같다. 또한 완전가능성 개념을 통하여 인간이 환경에 의하여 창조되지만 동시에 환경을 창조할 수도 있다는 역동성을 강조한다.

　루소는 인간이 모든 동물 중에서 가장 허약하고 무능력한 존재로 태어난다는 것을 부각하는데, 완전가능성은 허약함과 무능력에서 비롯된다고 볼 수 있다. 근대사회의 경우와 같이 인간이 제대로 교육받지 못하였을 때 완전가능성은 이기적 인간과 극심한 인정투쟁의 재료가 되며, 인간은 자신의 운명을 자율적으로 선택하지 못하는 허약하고 무능력한 존재로 전락하게 된다. 『에밀』에서 제안하는 교육이 유효하다면 완전가능성은 위대한 시민과 상호존중의 사회의 재료가 되며, 인간은 자신의 존재와 사회를 구성하는 강하고 능력 있는 존재로 성장한다. 그런 뜻에서 완전가능성은 곧 교육가능성이란 뜻을 지니며 그런 가능성에 기초한 바람직한 교육의 방향이 『에밀』에서 제시되는 것이다.

　루소는 인간이 완전가능성의 조건에서 어떤 선택을 하여 어떤 존재가 될지 스스로 결정할 수 있으므로 '행위자agent'의 자질도 겸비하고 있다고 믿는다. 행위자는 선택하고 결정할 수 있는 자유를 가진 인간을 의미한다. 행위자의 특성은 "그 자신이 동의하거나 거부할 수 있는 자유가 있다는 것"을 인식하고 행동하는 것이다(OI. 54). 루소는 인간의 선택을 완전가능성과 결합함으로써 인간의 자유를 어떤 것을 하는(to do) 자유와 더불어 어떤 존재가 되는(to be) 자유로 확장한다. 어떤 존재가 되기 위하여 그에 합당한 능력이 활동을 통하여 갖춰져야 한다는 루소의 지론이 여기에서 솟아난다. 에밀의 교육은 발달 단계에 적합하도록 이런저런 것을 할 수 있는 자유를 확장하면서 인간과 시민이라는 존재로 성장하는 과정이다.

## 2. 감성과 이성

완전가능성을 활용하여 행위자를 만들고자 하는 교육의 성패는 감성과 이성을 적절하게 활용할 수 있게 하는 것에 달려 있다. 우선 감성과 이성과 관련하여 『에밀』에 등장하는 용어를 정리할 필요가 있다. 루소는 감성emotion과 관련하여 정념passion, 정서sentiment, 감수성sensitivity, 욕망desire, 감정feeling 등의 용어를 사용한다. 또한 이성reason과 더불어 이해understanding, 성찰reflection, 지성intelligence 등의 개념을 사용한다. 이성은 발달 단계에 따라 '감각적 이성', '관념적 이성', '지적 이성'으로 발전된다. 각 용어가 나타나는 맥락이 다르고 뜻도 차이가 있다. 그러나 감성과 이성을 각기의 유사 용어를 포괄하는 범주umbrella categories 용어로 사용해도 『에밀』을 이해하는 데 차질은 없다. 그러므로 여기에서는 감성과 이성을 대표 용어로 사용하고 필요한 경우에만 다른 용어로 구분한다.

에밀의 교육에서는 이성이 아니라 감성이 발달을 주도한다. 왜냐하면 감성이 이성의 발달을 촉진하기 때문이다. 이에 대한 루소의 설명을 더 듣자면,

감성이 활성화됨으로써 이성이 개선된다. 왜냐하면 우리는 향유할 목적으로 이성을 갈구하기 때문이다. 두려움도 없고 욕망도 없는 인간이 무언가 추론reasoning하느라고 애쓸 이유는 없다(OI. 55. 필자의 번역).

그러므로 단순하고 적합한 "감성은 교육에 방해되는 것이 아니라 그것으로 인해서만 교육이 이루어지고 완성되는

것이다"(317). 앞에서 이미 본 것처럼 감성을 교육의 중심으로 삼게 된 문제의식은 이성이 과열된 인정투쟁의 도구가 되었기 때문이다. 이성은 인간의 교만과 이기심을 초래하고, 타인의 고통에 무관심하고 냉담하게 하도록 조장함으로써 사회적 공존관계를 파괴하고 인정투쟁을 격화하는 역할로 인하여 인간 성장의 주요 동력이 될 수 없다. 근대사회의 이성은 완전가능성을 인간 타락으로 이끄는 도구인 셈이다. 그래서 루소는 이성이 이기심을 촉발해 자연적 감정을 오염시킨다고 적시하고, 그 대안으로 감성을 발달시켜 상호존중을 촉진해야 한다고 주장한다.

루소는 감성도 파괴적일 수 있다는 데 유의한다. 루소에 의하면, 이성과 감성 모두 양면성을 갖고 있으므로 각기 독자적으로 추구되는 것이 아니라 상호보완되어야 '잘 규제된 자유well-regulated freedom'가 성립될 수 있다. 본격적으로 이성과 감성이 상호보완되는 지점은 타인에 대한 공감과 동정pity으로 감성이 발동되어 그에 합당한 행동 방안을 찾으려고 이성을 필요로 할 때이다. 자연주의교육의 핵심은 인간에게 본성적으로 주어진 감성을 발달의 축으로 삼되

무절제한 감성으로 방치하는 것이 아니라, 감성이 도덕성으로 발달할 수 있는 준비가 되었을 때 이성이 감성을 인도하게 하는 것이다. 다시 강조하지만 감성이 성숙하지 못한 상태에서 이성이 독주하면 이기적 인간으로 전락할 위험이 크기 때문이다. 이성과 감성을 상호보완적으로 발달시켜서 자유와 평등의 확대에 기여하는 행위자, 즉 시민이 될 수 있도록 안내하는 것이 자연주의교육이다.


## 3. 자애심과 자존심

루소에 의하면, 감성의 원천은 자애심amour de soi이고, 또 다른 중요한 개념인 자존심amour-propre도 여기에서 파생된다. 자애심은 인간이 의식주와 같은 생존의 필수 요소를 확보하며 발휘되는 절대적 감성이므로 생존과 성장의 기초가 된다. 자연 상태의 인간은 이성이 아직 태동하지 못하였고 생존을 위하여 자애심에 전념하는 전의식pre-consciousness 단계에 머물고 있다. 자연 상태의 인간은 생존 욕구와 필요를 충족시키는 만큼 그리고 자신의 능력에 닿는 만큼만 욕망하는 순수의 상태이다. 자애심은 자기보존에 전념하는 감정이므로 타인의 욕구를 침해하거나 위협할 수 있는 위험성도 내포하고 있다. 여기에서 알 수 있듯이 루소는 자연적 감정을 신비화하지 않는다. 자연적 감성은 교육의 출발점이지만 교육을 통하여 공생과 상생을 위한 도덕성으로 다듬어져야 한다.

또 다른 감성으로 자존심이 있다. 자존심은 자애심의 일종이지만, 자애심이 '절대적 자아'의 감정이라면 자존심은 타인을 의식하는 '상대적 자아'의 감정이다(284, 286). 자존심은 타인과 관계를 맺는 과정에서 생겨난다. 자존심은 인간관계에서 타인의 인정을 통해 자신의 명예와 자부심을 높이기 원하게 만드는 감성이다. 자존심은 타인을 의식하는 감정이므로 자기중심적 욕망을 자제하게 하여 자애심의 파괴적 속성을 견제할 수도 있다. 그러나 근대사회에서 인간은 자부심을 쟁취하기 위해 타인을 경쟁 대상으로만 규정하였기 때문에 자존심이 극심한 인정투쟁의 악으로 치닫게 되었다. 에밀의 교육은 자존심이 타인에 대한 동정과 결합하여 타인의 처지에 공감하여 상호존중을 지향하게 할 수 있도록 계획된다. 지금까지의 논의를 루소의 말로 정리하면 다음과 같다.

자존심과 자애심이 혼동되어서는 안 된다. 두 감성은 각각의 속성과 효과에 의하여 구분된다. 자애심은 자연적 정서로서 모든 동물을 자기보존을 위하여 부단히 움직이게 만들며, 이성에 의하여 인도되고 동정에 의하여 변형될 때에는 인간다움humanity과 덕목을 생산한다. 자존심은 사회에서 생기는 상대적이고 인공적인 정서이다. 다른 누구보다 자신을 더 가치 있다고 자부하게 하고, 인간들이 서로 초래하는 모든 악을 추동하며, 동시에 명예의 진정한 원천이 된다(OI. 66. 필자의 번역).

루소는 감성의 원천인 자애심이 자연의 상태에서 자기보존에 충실한 감성에 머무를 때는 인간관계를 비경쟁적으로 만드는 역할을 한다고 말한다. 그러나 이미 알아본 것처럼, 루소는 자애심과 그 변형인 자존심의 양면성에 유의하고, 그것들의 파괴적 잠재력을 우려한다. 감성이 부정적 속성을 본격화하는 계기는 그것이 지나치게 추구되어 이기심에 집착할 때이다. 그러므로 루소는 감성이 이성에 앞서기는 하지만 타인에 대한 동정심으로 발휘되고 이성으로 보완되어야 감성을 통제할 수 있다고 주장한다. 루소(*OI. 55.* 필자의 번역)에 의하면, "감성 역시 우리의 욕구want에서 비롯되고 그것의 향상 여부는 우리의 이성에 달려 있다. 왜냐하면 우리에게 어떤 것들에 대한 개념ideas이 있어야 그것들을 욕망할 수도 있고 두려워할 수도 있기 때문이다." 그렇기 때문에 자연주의교육은 감성과 이성이 적절하게 상호작용할 수 있도록 안내하는 방안에 초점을 둔다.


## 4. 동정심과 도덕성

긍정적인 자존심이 발달되기 위해서는 동정심pity이라는 감성이 발휘되어야 하고, 이성을 통한 추론과 일반화 능력이 동정심과 결합되어 도덕성이 정착되게 된다. 이처럼 루소는 먼저 이성 발달보다 감각 발달이 충분하게 이루어져야 한다고 강조하며, 그를 통하여 사물을 인지하고 구분할 수 있게 된 능력을 '감각적 이성 혹은 어린이의 이성sensual or childish reason'이라고 부른다. 감각적 이성은 사물을 오감으로 경험하면서 개발되고 사물과의 관계에만 유용하다. 모든 인간에게 적용되기에는 미흡하다. 그러나 감각적 이성은 개념화의 기초가 되는데, 사물을 통제할 수 있는 자생력을 획득하는 과정에서 겪는 자신의 고통과 어려움을 기억하고 인지하기 때문이다. 자신의 고통을 지극히 단순한 형태로 개념화할 수 있으므로 그 개념을 통하여 타인의 고통에 동정하고 공감할 수 있는 발판, 즉 도덕 발달의 기초가 마련되는 것이다. 그래서 루소는 자애심과 자생력을 함양하는 교육의 과정에서 아동을 고통으로부터 과보호할 것이 아니라 충분히 겪어 내고 이겨 내도록 격려해야 한다고 주장한다.

스스로 고통을 겪고 이겨 낸 아동은 다른 사람들이 자신과 마찬가지로 겪는 고통에 대하여 공감하고 동정할 수 있으므로 이러한 극복의 계기를 다양하게 제공해야 한다. 또한 아동이 아래에서 설명하게 될 인간의 유한성을 인식하고 나면 다른 사람이 인간의 유한성 때문에 치러야 하는 고난과 역경을 자신과 공통의 유한성으로 공감하고 동정하도록 장려해야 한다. 루소는 인간이 다른 인간에 대한 관심을 타고나는데, 이를 타인의 고통과 불행에 대한 관심, 공감, 동정심으로 활성화해야 하며, 이를 인간에 대한 일반적인 추론으로 확장할 때 도덕성이 발달하게 된다고 설명한다. 이성이 아니라 감성에 의한 도덕성 발달을 지지하되, 구체적으로 타자에 대한 공감과 동정심이라는 감성이 발달하고 나서 추론을 통한 일반화를 촉진함으로써 도덕성이 발달한다는 입장인 것이다. 도덕성 발달은 위에서 말한 긍정적 자존심과 함께 진화하며, 에밀은 이를 동력으로 인정투쟁의 폐해를 제거하고 타인들과 상호존중하며 사회계약을 맺을 수 있는 시민으로 성장하게 된다.

## 5. 자연주의교육

위에서 설명한 개념들을 활용하여 자연주의교육을 이해해 보자. 자연주의교육은 에밀의 모든 교육을 이끌지만, 그 필요성과 주요 원리는 『에밀』 1권의 가장 앞부분에서 제시되고 있다. 인간은 가장 먼저 '자연인'으로 성장해야 하므로 교육의 출발, 즉 유아기와 아동기에 자연주의교육이 가장 중요한 것으로 제시되고 있다. 그래서 1권과 2권에서 주로 자연주의교육이 제시되지만, 거기서 끝나는 것이 아니라 교육 전반을 이끄는 나침반으로 여겨야 한다. 자연주의교육의 원리는 앞에서 말한 '반사실적 이상'으로서 당시 제도교육의 한계를 비판하는 근거인 동시에 새로운 교육의 발판이 되므로 가장 먼저 제시되는 것이다.

자연주의교육이라는 표현은 『에밀』의 가장 첫 문장인 "만물을 창조하신 하느님의 손을 떠날 때 모든 것은 선했으나 사람의 손에 옮겨지게 되자 타락하고 말았다"(13)에서 비롯된다. 에밀을 사회에서 격리해 자연 상태와 가장 비슷한 상태에서 교육해야 한다는 방식으로 자연주의교육을 이야기하기도 한다. 루소의 사고 전개 방식이 실제로 인간은 어떤 존재인가라는 현실적 진단is으로부터 장려하고 절제해야 하는 과정과 이상적인 인간의 모습, 즉 당위성ought을 제시하는 자연주의적naturalistic 방식을 따르므로 자연주의교육이라고 볼 수 있다.

자연주의교육을 이해하려면 루소의 자연 개념을 이해해

야 하는데, 자연은 루소에게 가장 중요한 개념인 동시에 가장 오해와 논란이 많은 개념이다. 자주 제기되는 오해 중 하나는 루소가 자연에서의 원시 상태를 동경하여 인간이 '고상한 야만인noble savage'으로 돌아가기를 원했다는 것이다. 볼테르 같은 철학자는 루소가 그런 시도를 하고 있다고 오해한 사람 중 하나이다. 그러나 루소는 "내가 자연인을 기르기를 원하지만, 그 목표는 그를 야만인으로 만들어 깊은 숲으로 돌려보내자는 것이 아니다"(349)라고 분명히 밝히고 있다.

또한 루소의 인간관을 흔히 인간이 본래 착하다는 성선설로 이야기하기도 하지만 이 또한 오해이다. 자연 상태에서 인간이 선하다는 주장은 인간이 자기보존과 생존의 본능에만 충실한 상태, 자기애만이 발휘되는 상태를 뜻한다. 이 상태는 아직 이성이 발달하지 못한 전前 이성 단계이며 도덕도 발달하지 못한 전 도덕의 단계이다. 이 단계의 인간은 오직 생존을 위한 욕구만 있으므로 그의 언행을 이성과 도덕을 기준으로 삼아 선악을 평가하는 것 자체가 무의미한 셈이다. 죄가 무엇인지 모르는 어린아이가 한 잘못에 대하여 죄를 물을 수 없는 것과 같은 이치이다. 루소는 "이성의 시기가 올 때까지 … 우리들의 행동에는 도덕성이 없다"라고 하면서, 그 사례로 아기가 자기가 무엇을 하는지조차 모르고 새를 움켜 죽이는 예를 든다(55). 이 상태의 인간은 마치 어린아이처럼 이성과 도덕에 무관한 상태, 즉 선악의 개념조차 없는 초도덕적amoral인 상태이므로 악하지는 않지만 착하지도 않은 잠재의 상태에 있는 것이며 그저 완전가능성의 상태에 놓여 있다.

루소가 말하는 자연은 자연적 질서와 자연적 선으로 나누어 생각할 수 있다. 자연적 질서는 모든 인간이 거부할 수 없는 일종의 운명을 일컫는 것이다. 그 첫 번째 뜻은 모든 인간이 동물 중에서 가장 허약하고 무능력하고 유한하게 태어난다는 것이다. 두 번째 뜻은 인간이 자유로운 행위자로 성장하기 위해서는 누구나 꼭 거쳐야 할 순서와 단계가 있다는 뜻이다. 자연적 선의 첫 번째 뜻은 앞에서 말한 완전가능성과 관련된 것으로서 생존을 위하여 자급자족할 수 있는 자애심과 자생할 수 있는 힘(자생력, 自生力)을 개발할 수 있는 힘을 일컫는다. 두 번째 뜻은 인간이 타고나는 타인에 대한 관심과 공감을 가리키는데, 이러한 관심과 공감이 타인과 상호존중하고 협력할 수 있는 도덕성과 긍정적 자존심으로 발달하여 상생할 수 있는 힘(상생력, 相生力)의 기초가 된다. 이렇게 구분하면 자연주의교육은 자연의 질서(유한성과 발달 단계)를 따라서 자연적 선(자생력과 상생력)을 개발하는 과정으로 요약된다. 자연주의교육은 사회적 간섭과 영향이 최소화된 상황에서 이루어질 수 있다고 한다. 왜냐하면 루소는 당시의 사회와 학교가 이미 심한 인정투쟁에 의하여 위선과 허위로 오염되었다고 보기 때문이다. 사회적 간섭과 영향이 최소화되어야 하므로 자연주의교육을 '소극적 교육negative education'이라고 부르기도 한다. 그럼 자연적 질서와 자연적 선의 뜻을 살펴보면서 자연주의교육의 원리를 알아보자.

● 인간의 허약함과 유한성 인식

어린아이가 허약하고 무능력하게 태어나는 것은 자연적 질서이며, 아동이 그러한 자연적 질서를 인식하게 하는 것이 교육의 출발점이다. 모든 어린이는 자신이 선택하지 않은 세계에 무방비 상태로 태어나고 모든 동물 중에서 가장 무능력한 존재로 태어난다. 아동은 이러한 무능력으로부터 대단히 높은 수준의 능력을 갖추도록 성장할 수 있다. 교육은 무능력을 능력으로 혹은 완전가능성을 성장으로 이끄는 과정인데, 그 과정은 꼭 필요한 도움만 받으면서 스스로 헤쳐 나가는 길을 배우는 과정이어야 한다. 루소에 의하면, 이 과정을 치명적으로 교란시키는 존재가 자녀가 원하는 것은 무엇이든지 해 주려는 부모이다. 요즈음 자녀를 망치는 부모로 자주 거론되는 '헬리콥터 부모'나 '잔디깎기 부모'가 그런 예이다. 그런 부모 때문에 자녀는 자신을 세상에서 가장 귀한 존재로 착각하고 자기 부모를 자신의 노예로 삼고 싶어 하며 능력을 스스로 개발하기를 포기한다. 루소는 어린아이가 자신의 허약함을 극복하여 자생력을 기르는 대신 이러한 나르시시즘과 지배성향에 휩싸이게 되는 것이 그릇된 인정투쟁의 시작이라고 지적한다.

아동이 자신의 유한성 또한 자연의 질서로 인식하게 해야 한다. 삶에 기쁨과 쾌락만 있는 것이 아니라 슬픔과 고통이 있다는 것, 할 수 있는 것이 있고 할 수 없는 것도 있다는 것, 실현가능한 욕망이 있는 반면 실현불가능한 욕망도 있다는 것 그리고 누구나 아프고 죽게 되는 것. 이런 모든 것이 거스를 수 없는 자연적 질서이며 인간의 유한성이다. 루소는 인간의 조건으로서 유한성을 이렇게 설명한다.

> 인간은 … 모두 알몸의 가난한 인간으로 태어나는 것이다. 모두 인생의 비참함, 슬픔, 불행, 결핍, 여러 종류의 괴로움을 타고나는 것이다. 게다가 죽을 운명을 갖고 태어나는 것이다. 이것이 진실로 인간에게 주어진 일이다. 어떤 인간이나 피할 수 없는 일이다(299).

아동이 자신의 유한성을 인식하여 자신과 동일한 유한성을 가진 사람들의 처지에 공감하고 서로의 유한성을 보완할 방안을 찾도록 교육해야 한다는 것이 루소의 제안이다. 루소는 어린아이들이 공감할 수 있는 능력을 타고난다고 관찰하는데, 이러한 관찰의 결과는 현대과학에서 여러 가지 실험을 통해 지지되고 있다. 예를 들어 예일대학의 심리학자들은 6~10개월 난 영아들이 피해를 주는 사람보다 도움을 주는 사람에게 더 호감을 보인다고 보고한 바가 있다. 교육은 자연적 질서인 유한성에 공감할 수 있는 성향을 키워 줌으로써 타인을 지배하는 것이 아니라 타인과 서로 보완하고 협력할 수 있는 존재로 이끌어야 한다.

그러므로 교육의 출발은 어린아이가 자신이 허약하고 유한하다고 인지하게 해야 하고, 살아갈 수 있는 힘을 키우려고 노력하면서 다른 사람과 협력을 도모할 수 있는 존재로 이끌어야 한다. 루소는 앞서 인정투쟁에 관한 설명에서처럼 당시의 사회와 교육이 어린아이들에게 자신의 부족함과 유한성을 부끄러운 것으로 치부하게 하였고, 이성의 완전성을 통해 세계와 타인을 완벽하게 통제할 수 있다고 착각하게 하였다고 비판한다. 인간의 이성은 완전할 수 없음에도 그렇다고 착각하게 함으로써 자신이 다른 사람들을 지배할 자격이 있거나 인정투쟁에서 승리했다고 착각하게 하는 것이다. 또한 루소의 지적처럼 유한성이라는 자연의 질서를 인식하지 못하고, 삶의 한계와 역경을 넘어설 수 있는 무한 능력이 있다고 자만하고 망상에 빠지면, 이룰 수 없고 부질없는 욕망에 집착하여 악을 저지르고 비참하게 되기 쉽다. 이러한 착각과 망상이 확산되는 만큼 사회에서 위선, 기만, 시기, 질투, 탐욕이 확산되는 것이다. 인정투쟁의 폐해를 감소하는 길은 인간이 자신의 유한성과 허약성을 어떻게 인식하고 관리하는가 그리고 자기와 같은 존재인 타인들과 어떻게 존중하면서 협력할 수 있는가를 배우는 것이라고 루소는 강조한다. 인정투쟁 대신 자기이해와 '내적투쟁'을 통하여 성장과 공존을 촉진하는 과정이 자연주의교육이다.

## ● 발달의 순서와 시간 존중

인간은 무능력하게 태어나서 능력을 갖추도록 발달하는데 다른 어떤 동물보다 시간이 오래 걸리며, 그 발달 과정은 신체 기관의 발달 순서를 따른다. 이에 자연주의교육은 발달의 순서를 존중하고 발달에 필요한 시간을 충분히 보장한다. 발달의 순서라는 자연적 질서에 대하여 루소는 "인간은 만물의 질서 속에 자리 잡고 있다. 어린 시절도 삶의 질서 속에 제자리가 있다. 어른은 어른으로, 아이는 아이로 생각해야 한다"(75)고 설명한다. 아동을 미숙한 성인이 아니라 아동 그 자체로 보고 그 나이에 적합한 발달을 도모해야 한다. 이런 루소의 인식을 '아동의 발견'이라고 말하기도 한다. 아이 특유의 보는 눈, 생각하는 법, 느끼는 법을 존중해야 한다는 것이다. 각 발달 단계별로 아동이 꼭 해야 할 경험이 있는데, 이러한 순서를 무시하는 일, 즉 "자연을 앞지르는 일을 하는 것은 자연에 거역하는 이상으로 자연을 손상시키게 된다"(366). 루소는 이런 낭패를 "성숙하지도 못한, 맛도 없는, 그리고 곧 썩어 버릴 과일을 맺는 결과가 된다. 우리는 어린 박사와 늙은 아이를 갖게 될 것이다"(91)라는 비유를 통하여 경고한다.

발달 단계별로 충분한 시간 또한 필요한데, 그것은 "나타나기 시작한 감성에 질서와 규칙을 부여하려면 그것이 발달해 가는 기간을 연장시켜 나타나는 대로 정리해 나갈 수 있는 여유"(294)를 보장하는 것이다. 어린 시절에는 주로 감각과 신체에 의한 학습이 진행되므로 충분히 반복하고 숙달할 수 있도록 시간을 허용하는 것이 중요하다. 사실 반복과 숙달에 의한 깨달음은 이후 인지학습에서도 중요한데, 이것이 충분하게 이루어지지 못하면 기계적 암기와 주입에 그치게 되므로 자기주도적인 학습은 실패로 돌아간다.

그러므로 자연주의교육에서는 교사의 인내가 '시간성의 원리'로 작동되어야 한다. 루소는 시간성의 원리를 통하여 시간에 인색할 것이 아니라 아동이 시간을 최대로 쓰고 '낭비'하게 하라고 권고한다. 교사는 아동이 가장 짧은 시간에 가장 많은 학습을 하게 하는 것이 아니라 충분한 시간을 허용하여 아동 스스로 체험하고 스스로 깨우치는 자기주도적 학습을 장려해야 한다. 교사는 인내심을 갖고 아동이 충분히 즐기기도 하고 충분히 좌절하기도 하여 다음 단계의 학습에 준비되는 것을 기다려야 한다. 인내라는 시간성의 원리는 자연주의교육뿐 아니라 모든 교육에 너무나 기본적인 것이지만, 이 기본이 흔들려서 우리 교육이 부실하다는 지적을 받는다. 특히 우리 사회가 지난 수십 년 동안 압축 성장을 이룩한 것처럼 인간도 단기간 내에 압축 성장할 수 있다고 믿는 것은 시간성의 원리에 역행하는 것이다. 급속도로 성취해야 한다는 시간의 압박이 학습자에게 성급함과 불안을 야기한다는 것은 잘 알려진 사실이다. 여기서 발생한 불안감이 누적되어 요즈음 학생들에게 크게 자리 잡게 되었을 것이다. 지나친 단순화가 될지 모르겠지만, 우리 교육은 인지 발달을 중심에 두고 다른 종류의 발달은 거의 최소화하여 모든 학습이 오직 인지 발달을 위하여 종사하게 만든다고 볼 수 있다. 인지 발달 전 단계에 이루어져야 할 자생력과 자애심의 발달 그리고 후 단계에서 이루어져야 할 상호존중과 도덕의 발달은 요식행위가 되었다고 말해도 과언이 아닐 것 같다. 그러나 학습의 중심이 되는 인지 발달에서조차 루소가 제시하는 단계적 학습을 거치지 못하고 정보의 양 위주로 압축전달되어 교육이 부실하다고 비판받는다.

발달 단계를 각 단계 안에서 어떤 발달이 종결되고 그다음 단계에서는 새로운 발달이 시작되는 단계별 시간성 temporality으로 이해하는 것은 타당하지 못하다. 예를 들자면 아동기 단계에서 감성이 발달하고 그 발달은 거기서 종료되며, 청소년기에는 도덕성이 새롭게 발달하고 종료되며, 청년기에는 시민성이 새롭게 발달하는 것으로 이해하는 방식은 타당하지 못한 것이다. 이렇게 단계별 시간성을 이해하는 방식은 각 단계의 발달 특성 부각에 효과적이지만 자칫하면 각 단계의 발달이 단절적인 것으로 오해될 소지가 있다. 예를 들면 감성교육은 아동기에 활발해야 하지만 청소년기 심지어 노년기에도 필요하다. 청소년기에 이성이 발달하면 그 과정과 결과로 아동기에 발달한 감성이 어떻게 변화되는지 마음에서 어떤 역할을 새롭게 부여받는지를 파악해야 한다. 발달의 연속성에 유의해야 에밀의 감성과 이성이 어떤 단계에서 어떤 상호작용을 통하여 추론능력과 도덕적 판단 능력으로 발달하는가를 입체적으로 파악할 수 있을 것이다.

● 자생력의 개발

타인을 이용하거나 지배하는 인정투쟁의 방식을 통해 허약함과 유한성을 상쇄하는 것이 아니라 스스로 살아가는 힘을 증진해야 한다. 그런 자생력이 인간에게 잠재된 자연적 선이며, 앞에서 말한 완전가능성을 긍정적으로 발휘할 수 있게 한다. 루소는 특히 "모든 악은 약한 데서 탄생한다"(55)고 강조하면서 허약함도 위선이나 거짓말과 같이 악의 씨앗으로 간주한다. 또한 삶의 좋은 일과 나쁜 일을 모두 잘 견뎌 나갈 수 있는 사람이 가장 좋은 교육을 받은 사람이라고 강조한다. 루소는 강건함과 자생력의 중요성을 다음과 같이 말한다.

> 사람들은 아이를 보호할 생각만 한다. 그것만으로는 충분하지 못하다. 어른이 됐을 때 자신을 지키고, 운명의 타격을 이겨 내고, 부귀도 빈곤도 개의치 않으며 … 아이슬란드의 빙하 속에서도, 몰타 섬의 타는 듯이 뜨거운 바위 위에서도 살아갈 수 있는 능력을 가르쳐 줘야 한다(20).

좀 더 풀이하자면, 아동이 자기에게 꼭 필요한 욕구를 알고 그것을 충족할 수 있는 자생력을 갖게 도와주어야 한다. 자애심은 자생력의 개발을 부추긴다. 자생력은 보호를 통해 증진되는 것이 아니라 역경에 도전함으로써 개발된다. 자생력은 간접 경험이 아니라 모든 신체적 능력을 동원한 시행착오를 통하여 향상되므로 아동이 부단하게 활동하는 것을 장려해야 한다. 이것을 루소의 말로 옮기면 다음과 같다.

죽음을 막아 주는 일보다 살도록 하는 일이 더 필요하다. 산다는 것, 그것은 호흡한다는 것이 아니다. 활동한다는 것이다. 기관, 감관(각), 능력으로 우리에게 존재감을 느끼게 하는 신체의 모든 부분을 사용하는 일이다(20).

흔히 아동의 능력 발달을 위해 인지 능력 개발에 중점을 두는 경향이 있는데 루소는 이를 비판하면서 인지 능력을 포함한 자생력 개발에 기초가 되는 것은 감각임을 강조한다.

우리는 감각적 존재로 태어난다. 그리고 태어나면서부터 늘 주위의 사물로부터 여러 가지 자극을 받는다. … 처음에는 그것이 유쾌한 느낌인지를, 다음에는 그것이 우리에게 적당한지 부적당한지를, 맨 나중에는 이성적으로 판단하여 … 그것을 구하기도 하고 피하기도 한다. 이 경향은 감각이 더욱 예민해지거나 더욱 분별을 잘하게 되면 그 범위가 넓어지고 고정된다. 그것은 우리의 습관에 의해 방해받기도 하고 억측(편견)에 의해 변질된다. 이런 변화가 일어나기 전의 경향을 '우리의 (안에 있는) 자연'이라 부른다(15).

자연주의교육에서 감각은 그 자체가 자연이다. 특히 아동들은 아직 추론 능력이 발달하지 않았으므로 신체와 감각을 활발하게 작동하여 세계를 직접 체험할 다양한 기회를 제공하여야 한다. 루소는 "가장 오래 산 사람이란 가장 긴 세월을 산 사람이란 뜻이 아니고 삶을 가장 잘 체험한 사람이란 뜻이다"[20]라고 설명한다. 어린아이일수록 인지 능력을 주입하는 것을 피하고 감각을 통한 체험이 풍부해지도록 안내해야 한다.

체험의 확대와 감각의 발달에 가장 적합한 활동은 놀이이다. 자연주의교육에서는 하루 종일 즐겁게 뛰어노는 것이 어린 시절을 가장 충실하고 행복하게 누리는 것이다. 놀이는 즐거움과 행복을 느끼게 하여 건전한 자애심을 형성하고, 주위에 대한 관심을 촉진하여 인지 발달을 유도하므로 어린 시절에 가장 결정적인 활동이다. 놀이뿐 아니라 실제 체험을 통하여 감각을 충분히 발달시켜야 세상과 사물의 다양한 측면을 인지할 수 있으며 이를 기초로 인지 발달이 이루어지게 된다. 어린 시절에 온도라는 개념은 설명으로 이해하기 어려우며 물의 증발과 냉각을 보고 느낄 때 이해가 시작될 것이다. 공간의 개념도 신체의 이동을 통하여 이해가 가능할 것이다. 예를 들면 자전거 타기, 토마토 기르기 등 감각과 신체를 충분히 동원하여 능력을 개발하게 도와주는 활동은 많다. 그 후에는 이성이 학습 내용과 방식을 보완할 수 있고, 추론이 가능한 단계가 되면 설명을 통한 학습도 촉진된다. 실제 상황에서 신체와 감각을 통하여 사물과 상호작용하는 가운데 학습이 이루어진다는 루소의 관점은 최근에 '체화된 학습embodied learning' 이론과 '상황적 학습situated learning' 이론으로 발전되었다.

자생력이 생기면서 인정투쟁의 왜곡으로부터 벗어나는 첫걸음을 떼게 된다. 자신에게 필요한 일을 스스로 할 수 있는 능력이 커가는 만큼 타인에게 의존하거나 타인을 지배하려는 충동이 줄어든다. 에밀은 청소년기가 되었을 때 자기가 먹을 것을 농사짓고 자기에게 필요한 물건을 제작할 수 있는 능력을 갖추도록 성장한다. 삶에 실제로 필요한 것들을 해결할 수 있는 자생력을 갖추기 위한 감각과 신체 단련은 어린아이 시절부터 매우 중요하다. 감각과 신체를 동원하여 자생력을 개발하는 힘이 인간에게 주어진 자연적 선이며, 자생력은 타인 의존과 타인 지배를 초래하는 인정 투쟁의 폐해를 극복할 힘이다.

### ● 도덕성과 상생력의 개발

자생력이 있는 인간은 자애심과 자부심을 느끼게 되며, 자신과 동등하게 타인도 자부심이 있는 존재로 존중한다. 자애심과 자생력은 공감과 동정 그리고 긍정적 자존심과 도덕성의 기초가 된다. 인간은 발달 과정에서 자유롭게 욕구를 충족할 수 있도록 자생력을 키우지만 다른 한편으로 자생력이 무한대로 개발되지 않는다는 것 그리고 욕구와 자유 또한 무한대로 충족되지 않는다는 것도 알게 되어야 한다. 자생력의 확장에도 불구하고 성취할 수 없는 욕구가 있다는 한계를 인식하게 해야 한다. 자생력은 꾸준히 강화해야 하지만 그 능력 범위 안에서 욕망을 조절해야 하는 것이다. 능력과 욕구의 균형을 유지하기 위하여 이성이 결합되어야 하며, 그 균형이 잘 규제된 것이 자유의 요건이라는 생각은 루소의 이론에서 일관되게 관통되고 있다. 자생력을 적절하게 갖춘 사람은 자신이 유한한 존재이므로 혼자 살 수 없고 자신의 이익만을 추구할 수 없음을 깨달아 모종의 협력을 모색하게 된다. 또한 자신이 자생력을 기르는 과정에서 겪었던 고통을 자각하면 타인의 고통에도 공감하고 동정할 수 있게 되며, 공감과 동정심을 확대해 나가면서 긍정적 자존심과 도덕성을 형성하게 된다. 자생력이 발달하지 못한 사람이 자생력이 있다고 착각하면, 망상을 일삼거나 부정적 측면의 자존심이 생성되어 타인을 자신의 욕구 추구를 위한 수단으로 이용하려고 든다. 자신의 능력과 욕구의 조화를 추구하고 자애심과 도덕성을 갖는 일이 자연적 선을 추구하는 과정인 반면에 실제 능력과 욕구가 불균형한 상태가 정착되면 부정적 자존심이 생성되고 개인의 불행과 사회악을 초래하는 것이다. 루소는 전자를 선을 추구하는 일로 후자를 악으로 빠지는 길로 표현한다.

인간을 본질적으로 선량하게 만드는 것은 적절한 욕망을 갖는 일이며, 자기를 너무 타인과 비교하지 않는 일이다. 인간을 본질적으로 사악하게 만드는 것은 지나친 욕망을 갖는 일이며 함부로 남의 의견에 신경을 쓰는 일이다(286).

루소에 의하면 인간은 두 가지 선택이 가능하다. 하나는 건전한 자애심, 긍정적 자존심과 도덕성을 기반으로 자신과 같이 유한한 존재인 다른 인간과 존중하며 협력하면서 자신의 욕구와 자유를 충족하는 것이다. 다른 선택은 왜곡된 자존심을 고수하여 다른 인간을 자신의 욕구와 자유 추구에 위협으로 인식하고 억압하거나 제거할 방안을 시도하는 것이다. 루소는 근대사회에서 인간이 두 번째 방안인 과도한 인정투쟁을 택함으로써 공멸의 나락으로 빠졌음을 비판하였다. 승자는 없고 모두가 서로의 '노예'로 전락한 것이다. 루소가 추천하는 자연적 선은 바로 첫 번째 선택으로서 건전한 자애심을 갖는 동시에 인간이 공유하는 유한성에 공감함으로써 긍정적 자존심을 갖고 상호이해와 협력을 실천하는 시민을 기르는 일이다.

자연적 선은 인간의 완전가능성의 실현을 촉진하는 요소로서 인간이 유한하므로 개발해야 하는 자생력과 상생력이며, 이를 활용하여 생존과 자유 그리고 상호존중을 추구할 수 있다. 반면에 '반자연적' 성향은 완전가능성의 실현을 저해하는 요소로서 이기심, 시기, 지배욕 등을 들 수 있는데,

아동이 이런 성향들에 오염되지 않도록 사회로부터 격리하는 것이다. 루소가 모든 사회적 영향이나 교육을 악이라고 보는 것은 아니다. 반자연적 성향을 부채질하는 당시의 사회와 교육을 악이라고 보는 것이다. 무한 경쟁을 조장하는 한국교육은 루소에게 악이다. 자연주의교육은 자연적 선을 발휘하도록 하고 반자연적인 악을 통제할 수 있게 해야 한다. 루소의 말로 표현하면, 삶의 조건인 선과 악을 잘 관리할 수 있는 사람이 잘 교육받은 사람이다. 단순화의 위험을 무릅쓰고 아메리카 원주민의 속담으로 자연주의교육을 정리해 보자. 그 속담은 "사람 마음속엔 착한 늑대와 나쁜 늑대가 있다. 두 마리 늑대는 늘 싸운다. 이기는 쪽은 어딜까?"라고 묻는다. 답은 "내가 먹이를 주는 쪽이다." 인간에게는 자연적 선과 반자연적 성향이 함께 잠재하고 있는데, 자연적 선을 개발하여 완전가능성을 실현하고 상호존중의 이상사회를 추구할 수 있다. 자연주의교육은 자생력과 상생력을 개발하여 인정투쟁의 폐해를 극복하고 이상적인 사회를 실현코자 노력하는 시민을 기르는 교육이다.

# 4장
## 에밀의 구성과 주요 내용

　『에밀』은 다섯 권으로 구성된 방대한 책으로서 번역본 대부분은 700쪽이 넘는다. 책은 크게 세 부분으로 나뉜다. 첫째 부분인 1권, 2권, 3권에서는 에밀이 자연인으로서의 인간으로 발달하는 과정이 제시된다. 둘째 부분인 4권에서는 사회인으로서의 인간으로 성장하는 과정을 보여 주며, 셋째 부분인 5권에서는 시민교육과 여성교육이 제시된다. 1권에서는 생애 전반을 아우르는 자연주의교육의 원리를 소개하고 출생에서부터 5살까지의 유아기교육을 다룬다. 이 시기의 초점은 기본적 필요성이 충족되도록 정성을 다해 돌보되 유아에게 지배 욕구가 움트지 않도록 주의하는 데 있다. 2권은 12살까지의 아동기를 다루며, 출생부터 이 시기까지는 간섭이 최소화된 상황에서 놀이를 통해 신체와 감각을 발달시키고 그에 의하여 기초적 이성을 싹트게 하는 교육이 중심이 된다. 3권에서는 15살까지의 소년기 동안에 사물에 대한 자발적 체험과 '학습하는 방법에 대한 학습'을 통해 이성이 발달되고 관념이 형성되며, 자립할 수 있도록 직업교육이 실시된다. 직업을 통해 사회적 관계를 시작하지만 그것은 '유용성'에 관한 것이며 아직 도덕적 판단에 관련된 것은 아니다. 에밀은 소년기까지의 교육을 통해 자생력을 갖춘 건전한 자연인으로 성장한다. 4권은 20세까지의 청소년기에 사회인으로 상생할 수 있도록 도덕교육이 진행되는 시기를 다룬다. 이제까지 사물에 작용하던 감성이 인간을 향한 공감과 동정심으로 발현되고 이성의 일반화 기능에 의하여 정의와 양심이라는 보편적 도덕으로 심화된다. 4권에서 시도되는 도덕교육은 자연인의 자생력을 사회인의 상생 능력으로 진전시켜 시민에게 필요한 상호존중 능력의 토대를 마련하므로 에밀의 교육에서 가장 중요한 내용을 담고 있고 분량도 가장 길다. 마지막으

| 권 | 시기 | 교육의 목표 | 교육의 내용 | 성향과 가치 |
|---|---|---|---|---|
| 1 | 유아기<br>0살~5살 | 자생할 수<br>있는 인간<br>(자연인) 교육 | 신체와 감각 발달 | - 자애심<br>- 자연적 자유와<br>행복 |
| 2 | 아동기<br>5살~12살 | | - 놀이, 체험, 관<br>찰을 통한 기초<br>적 이성 발달 | |
| 3 | 소년기<br>12살~15살 | | - 자기주도적 학<br>습을 통한 관념<br>적 이성 발달<br>- 직업교육 | |
| 4 | 청소년기<br>15살~20살 | 상생할 수<br>있는 인간<br>(사회인) 교육 | - 도덕성 발달<br>- 추론, 판단, 일반화<br>를 통한 지적 이성<br>발달 | - 공감과 동정으<br>로서의 자존심<br>- 정의와 양심 |
| 5 | 청년기<br>20살~25살 | 공생(公生)할<br>수 있는<br>시민교육/<br>여성교육 | - 시민성 발달<br>- 성 역할 발달 | - 상호존중으로<br>서의 자존심<br>- 시민적 자유,<br>평등, 행복<br>- 공동선 |

로 5권은 교육을 마치는 25세까지 청년기의 교육을 제시하
는 데, 에밀의 시민교육과 더불어 에밀과 혼인하게 될 소피
를 위한 여성교육도 제시된다.

루소는 이러한 성장 과정에 대한 설명을 논문의 형식이 아니라 에밀과 가정교사 그리고 소피라는 가상의 인물을 내세워 때로는 소설처럼 흥미롭게 펼쳐 나간다. 이러한 발달 단계의 설명은 어떤 특성이 대략 어떤 시기에 발달될 수 있다는 방향과 순서를 전반적으로 제시한 것으로 이해할 것을 당부한다. 루소의 시대보다 아동의 발달 속도가 더 빠른 요즈음에는 어떤 특성은 더 빨리 나타날 수도 있고, 또 어떤 아동에게는 더디게 나타날 수도 있지만 발달의 순서와 방향은 지금도 유효하다고 판단된다. 위에서 제시한 교육 과정은 〈표〉에 요약되어 있다.

인정투쟁의 폐해를 극복하고 이상적인 사회의 실현에 기여하는 시민을 양성하기 위한 교육의 과정은 자연인-사회인-시민으로 성장하는 과정이다. 자연인을 기르는 교육은 인정투쟁의 폐해로부터 격리되어 건전한 발달의 기초가 되는 자애심과 자생력을 기르는 데 집중한다. 사회인을 기르는 교육은 타인과 상생할 수 있는 능력을 기르는 과정인데 건전한 자존심과 도덕성을 발달시키는 데 주력한다. 시민을 기르는 교육은 상호존중과 협력을 통해 이상적인 사회계약에 참여하고 동료 시민들과 공생할 수 있는 능력을 기르는 과정이다. 자연인의 교육은 과도한 인정투쟁으로 타락하는 것을 방지할 수 있도록 자생력을 기르는 교육이다. 사회인의 교육은 인정투쟁의 부정적 상호작용에 대한 대안으로서 도덕성을 기르는 교육이다. 시민교육은 자생력에 도덕성을 결합함으로써 시민사회에서 상호존중할 수 있는 기초를 세우는 교육이다.

　루소는 자애심과 자생력만을 가진 자연인이 저절로 공공이익을 존중하는 시민이 될 수는 없고 후속되는 도덕교육과 시민교육을 통해 실현가능하다고 구상한다. 루소가 기존 교육을 비판하는 점은 가장 기초가 되는 자연인의 교육이 부실한 것 그리고 세 종류의 교육이 차례로 진행되지 못하고 뒤죽박죽된 것이다. 즉 루소는 당시 교육이 바로 반자연주의적 교육을 하고 있다고 비판한다.


　나는 학원(학교, 콜레주)이라고 불리는 우스꽝스러운 시설을 공공교육 기관이라고 보지는 않는다. 항간의 교육은 두 개의 상반된 목적을 동시에 추구하기 때문에 어느 한쪽의 목적에도 도달할 수가 없게 된다. 그것은 타인을 위한 생각을 하는 것처럼 보이게 하면서 늘 자기만을 위해 생각하는 이중인간을 만들 뿐이다(18).

루소는 위선적 인간을 기르는 교육을 비판하면서 자신이 플라톤과 유사한 목표를 추구한다고 말한다. 다만 플라톤은 『국가론』에서 공공교육에 대하여 논의하지만 자신은 가정교육에 대해서 논의한다고 차별화한다. 그 의도는 기존 교육에서 시민교육의 기초가 되는 자연인을 기르는 교육이 불가능하기 때문에 그에 대한 대안으로 아동을 격리해서 가정교육의 형태로 자연주의교육을 해야 한다는 것이다. 그렇다고 루소가 모든 공교육을 부정하는 것은 아니며, 그의 비판은 당시의 공교육을 부정하는 것으로 제한된다. 『에밀』에서는 그렇지만 나중에 『폴란드 정부에 대한 고찰』에서는 대략 공교육의 틀을 제안한다. 그러므로 바람직한 공교육이 추진될 수 있게 하는 사전작업으로 자신의 가정교육을 제시하였다고 이해해야 한다. 가정교육의 방식은 루소도 플라톤과 마찬가지로 사회로부터 격리된 형태로 제시하지만 청소년기 이후의 교육은 사회 속에서 이루어지므로 그의 격리교육은 자연인의 교육에 한정된 것으로 이해해야 한다. 루소는 서문에서 공교육에서 시행될 방안을 도출하는 것은 자신의 몫이 아니라고 밝히고, 각 사회의 사정에 적합한 방식을 택하라고 권고한다. 서문에는 이 외에도 흥미로운 내용이 있으니 읽기를 추천한다.

에밀의 교육 과정을 전체적으로 조망하면 자아self가 성장하는 과정이다. 자아의 관점에서 보면 자신의 특성과 가능성을 이해하는 '자기이해self-understanding' 혹은 '자기발견self-discovery' 그리고 그를 통하여 자신의 완전가능성을 선하게 실현하고자 하는 '자기형성self-formation'의 과정이 된다. 그런 의미에서 루소는 아동의 자아 개념을 처음으로 제시하였다고 일컬어진다. 자아의 발달 개념 덕분에 아동이 당시에 여겨졌던 것처럼 '열등한 성인'이 아니라 고유한 존재로 인정되기 시작하였고, 이러한 루소의 업적을 '아동기의 발견'이라고 부른다. 또한 『에밀』은 소설의 형식을 빌려 성장 과정을 표현하였으므로 30여 년 후에 출판된 괴테의 『빌헬름 마이스터의 수업시대』 그리고 최근의 『해리포터』와 같은 성장소설의 효시로 여겨진다.


## 1. 자연인의 교육

### ● 1권 유아기 — 보호와 양육

1권의 맨 앞부분에서 유명한 '성장의 비유'가 등장한다. 로크Locke는 루소보다 앞서 '주형의 비유'를 통해 원하는 모습대로 아동을 찍어낼 수 있는 틀로 교육을 그린다. 이에 반하여 루소는 식물이 최소한의 조건만 제공되면 스스로 자라는 것에 비유하여 교육은 아동의 성장에 꼭 필요한 최소한의 간여로 제한되어야 한다고 표현한다. 그리고 자연주의교육의 원리가 소개되는데, 이에 대해서는 이미 앞에서 설명하였으므로 바로 본문의 내용으로 들어간다.

유아기는 태어나서 말을 배우기 전후 정도까지의 시기이다. 이 시기는 생각이나 감정이 형성되지 않고 오직 감각만이 있는 시기로서 살고 있지만 자신의 삶을 느끼지 못하는 시기라고 설명된다. 그러나 자신은 의식하지 못하더라도 경험이 시작되는 시기이기 때문에 아동의 성장에 가장 근본이 되는 시기로 여겨지며, 루소는 이 시기의 양육에서 이미 교육이 시작된다고 강조한다. 유아기의 양육에서는 다음 세 가지가 중요하다. 첫째, 충분한 관심과 사랑을 베풀고, 성장에 필요한 의식주를 충분하게 제공하여 심신을 건강하게 양육해야 한다. 이를 위하여 속박하지 않는 옷을 입히는 것, 모유를 먹이는 것, 공기가 좋은 시골에서 기르는 것 등 세세한 권고가 제시된다. 둘째, 걷기, 말하기 등 유아의 발달을 충분한 시간을 두고 기다리면서 자연의 발달을 거스르지 말고 따라가야 한다. 이미 말한 대로 자연을 앞질러서 발달에 간여하는 일은 아동의 자생력 발달을 훼손한다.

마지막으로 가장 중요한 것은 유아에게 필요한 것을 적시에 제공하되 유아가 양육자를 자기 마음대로 조정할 수 있다고 착각하게 하여서 지배욕이 싹트게 해서는 안 된다는 것이다. 루소는 유아의 울음과 이에 반응하는 양육자 관계에서 유아의 지배욕이 생겨나는 경우를 세심하게 관찰한다. 아동들은 자기의 욕구 충족에만 관심을 가지므로 기본 욕구가 충족되면 만족한다. 이러한 자기애는 갓난아기

일 때부터 어른들에 의하여 충족될 수도 있고 왜곡될 수도 있다. 아기는 배고프거나 춥거나 욕구가 있을 때 우는데 여기에 어른이 어떻게 반응하는가에 따라 권력의 질서를 형성하는 첫 단추가 채워지게 된다. 아기는 결핍되고 취약한 상태에 있으나 아직 말을 하지 못하므로 울음으로 어른들에게 도움을 청한다. 아기들이 울 때 어른들은 적절하게 돌보아 주기도 하지만, 때때로 쩔쩔매기도 하고 소리를 지르거나 때리기도 한다. 또한 아기들이 울음을 그치지 않으면 이것저것 원한다고 여겨지는 일을 해 준다. 아기들이 자신이 울면 원하는 것을 얻을 수 있다는 것을 느끼게 되면 울음은 부탁에서 명령으로 변질된다고 한다. 처음에는 필요한 것이 있어서 어른에게 부탁하는 감정으로 울지만, 어른들의 변덕스러운 반응이 거듭되면 어른들에게 명령하고 지배하려는 감정에서 운다는 것이다. 그러므로 루소는 아이들을 돌볼 때 진정으로 필요한 것이 무엇인지 판단하여 그것만 도와주고, 변덕이나 이유 없는 욕망에서 비롯되는 행위를 절대 허용해서는 안 된다고 조언한다. 그렇지 않으면 자신의 욕구를 해결하려는 최초의 방식이 지배와 명령으로 자리 잡게 된다. 능력이 없으면서 명령하려 들고, 능력을 키워야 하는데도 스스로 노력하지 않고 명령하려는 악습이 싹트는 것이다. 명령하고 지배하려는 욕구가 증대되고 습관화되면 자기애와 자생력이 건전하게 발달하지 못한다. 또한 나중에 자존심도 부정적인 방향으로 발달하게 된다.

유아기 양육의 핵심은 아이에게 충분한 사랑과 도움을 주되 지배욕 형성을 허용하지 않으며 자기가 할 수 있는 일은 타인의 도움을 받지 않고 스스로 해야 한다는 것을 감지하게 하는 것이다. 어렸을 때부터 자신의 능력 범위에서 욕망을 갖게 되면, 자기 능력 밖의 일, 자기 분수에 맞지 않는 일에 대하여 박탈감을 느끼지 않게 되고 이는 이후 시민으로 성장하는 데 건전한 기초가 된다. 욕망과 능력의 균형은 지배와 복종의 인정투쟁 관계를 벗어나는 데 결정적인 역할을 하므로, 『에밀』 전체에서 가장 소중한 성장의 원리로 거듭거듭 강조된다.

양육은 발달의 기초를 형성하는 중요한 일이므로 부모가 직접 담당해야 한다. 루소가 부모의 양육 책임을 강조하는 이유는 18세기 당시 영아 사망률이 매우 높았기 때문일 것이다. 루소는 당시 태어난 아이 중 절반 정도만이 청년으로 살아남는다고 기록하는데, 통계에 의하면 태어난 아이 중 40% 정도만이 세 살까지 생존하는 것으로 나타난다고 한다. 초기 영양 공급과 보건 위생이 열악하였고, 유모에게 양육을 맡기거나 수녀원이나 고아원 같은 양육시설에 맡겨 버리는 관행이 영아 사망의 원인으로 지적된다. 루소 자신의 반성도 크게 작용했을 것이다. 루소는 자신의 자녀 다섯을 모두 고아원에 보냈다. 매우 가난하여 자녀를 양육할 형편이 되지 못하였기도 했고, 플라톤을 따라 공동양육을 선택했다 착각했다고 후회한다. 루소는 말년에 그의 책 『참회록』에서 이 일을 깊이 뉘우치고 자책한다. 『에밀』의 1권에서도 아버지의 양육 책임을 촉구하면서, "빈곤, 일, 체면 때문에 자기 아이를 직접 양육하지 못했다고 변명해도 소용없다. … 그 사람은 자기의 과오를 뉘우치며, 오랫동안 쓰디쓴 눈물을 흘리며 결코 위안을 받지 못할 것이다"(30)라고 쓰고 있다. 루소는 양육이 부모의 도덕적 의무일 뿐 아니라 국가의 인구 증가를 위한 시민의 의무라고도 말한다.

● 2권 아동기 ─ 놀이를 통한 신체와 감각의 발달

5살에서 12살 정도까지의 아동기는 자신의 힘으로 할 수 있는 일이 생기고 자기를 의식하게 되는 자의식 형성의 시기이므로 이 시기부터는 아이들을 정신적 존재로 인정해야 한다. 아동이 말을 할 수 있게 되고 활동 범위가 넓어지면서 욕구가 늘어나고 요구도 많아지게 된다. 이미 앞에서 말한 바와 같이, 이러한 욕구와 요구에 대한 부모, 교사, 어른들의 반응이 아동의 자아를 형성하는 데 결정적인 영향을 미친다. 모든 욕망은 결핍과 부족으로 나타나며, 결핍과 부족은 고통을 초래한다. 결핍과 부족을 해결하려면 능력을 키우거나 욕망을 줄여야 한다. 능력이 없으면서 기본적인 필요 이상을 욕망할 때 균열이 일어난다. 그래서 욕망과 능력의 부조화는 고통과 불행을 낳는다. 반면에 욕망과 능력이 조화를 이루면 자유롭고 행복해진다고 루소는 해석한다. 루소는 절대적 불행도 없고 절대적 행복도 없다고 설명한다. 그에 의하면, 진정한 자유는 자기가 원하는 것을 타인의 힘을 빌리지 않고 자신의 힘으로 행하는 것이다. 자신의 자유에 의하여 자신이 원하는 일, 자신이 할 수 있는 일만 하는 상태가 바로 행복이다.

태어나서 처음으로 자신의 능력으로 욕구를 충족하는 자유와 행복을 알게 되기 시작하는 시기에 어른들이 어떻게 양육하는가에 따라 아동의 자애심과 자생력이 훼손될 수도 있고 증진될 수도 있다. 아동이 무언가 요구할 때 그 요구가 합당하고 그것이 성취할 수 있는 범위 안에 있다면 스스로 노력하고 자신의 능력을 개발하도록 격려해야 한다. 그러나 그 요구가 부당하고 능력 밖의 것이라면 스스로 그 부당함을 인식하고 포기하도록 안내해야 한다. 반면에 루소는 부적절한 양육으로 자애심과 자생력의 발달을 훼손하여 아동을 불행하게 만들 수도 있다고 지적한다. 아동의 욕구와 요구에 대한 부적절한 반응은 언제든지 아동이 원하는 것 혹은 그 이상을 가질 수 있게 양육하는 것이다. 아동이 원하거나 필요한 것 이상을 제공할 경우 그 양육은 '과잉, 결함, 남용'이 된다. 그 결과 아동은 능력을 개발할 기회를 박탈당한다. 아동이 능력을 증진하여 자신의 나약함을 보강할 기회를 마련하기는커녕 오히려 노력하지 않고 욕구를 충족할 수 있도록 조장하여 약함과 교활함을 부채질한다. 이렇게 되면 아동의 욕망과 요구는 계속 커지게 된다. 욕망의 팽창에 길들여진 아동은 주변의 모든 사람을 자신의 욕망 충족에 봉사하는 '노예'로 간주하고, 그들이 순종하지 않아서 자신의 욕망이 좌절되면 분노하면서 그들을 억압하려 든다. 후에 프로이트Freud는 이렇게 자신이 전능하다고 착각하는 아동을 '아기 폐하the Majesty baby'라는 말로 부른다. 지배욕이 커진 아동은 목적을 달성하기 위하여 거짓말을 하고 억지를 부리는 악습도 발휘하게 된다.

원하기만 하면 무엇이든지 가질 수 있는 아이는 자기를 우주의 소유자라고 생각하게 된다. 그는 모든 인간을 자기의 노예라고 생각한다. 상대방이 거절하기에 이르면 … 그는 그 거절을 반역행위로 간주한다. … 그는 모든 사람에게서 악의를 느낀다. … 그의 천성을 비뚤어지게 만든다. 그는 모든 사람에게 증오를 느끼며 … 모든 반대에 대하여 화를 낸다(87).

이러한 왜곡이 지배욕과 자만심을 확장해서 홉스의 유명

한 경구, "만인에 대한 만인의 투쟁", 즉 바로 루소가 비판하는 인정투쟁을 근대사회에 격화하는 불씨가 되는 셈이다. 지배욕과 분노가 아동에게 주어진 자연적 천성이 아님에도 불구하고 어른들의 부적절한 반응, 즉 최초의 사회적 영향 때문에 생성된다. 여기에서 인간은 자연에서 선하였으나 사회에 의하여 타락한다는 루소의 경고의 뜻을 더 분명히 이해할 수 있다.

루소는 자애심과 자생력 발달을 위해 어른들의 간섭이 최소화되어야 한다고 주장하는데, 그 주장은 곧 '소극적 교육'을 제안하는 것이다. 교육은 "자연의 진행을 따르는 조력"이 되어야 하므로 인위적 개입을 최소화하는 것이 소극적 교육이다. 소극적 교육에는 부적절한 영향을 방지하는 것만이 아니라 아동의 관심과 능력 발달에 필요한 경험을 적절한 방식으로 장려하는 일도 포함된다. 그러므로 소극적 교육의 핵심은 부적합한 영향은 차단하는 한편 자신의 능력에 적합한 욕망을 스스로 깨달아서 자유와 행복을 누릴 수 있도록 적합한 환경을 조성하는 과정으로 이해해야 한다. 이때 교사의 역할은 환경의 조성으로 제한되어야 한다. 소극적 교육의 주요 목적 중 하나가 아동이 자생력을 신장시켜 나가되 능력에 한계가 있다는 것을 깨닫는 것이며 동시에 욕망을 확장하지만 욕망 충족에 한계가 있다는 것도 깨닫게 하는 것이다. 흔히 능력을 지속적으로 확장시키는 것만을 발달로 간주하지만, 능력이 과다하게 커지면 욕망은 더 과다하게 팽창하고 오만함도 능력 이상으로 팽창한다고 루소는 경고한다. 그러므로 욕망과 능력이 조화와 평형equilibrium을 이룰 때 자유와 행복을 누릴 수 있게 된다. 이렇게 조화를 이루어 가는 과정은 요즈음의 육아에도 활용되며 욕망의 경계와 능력의 경계를 깨닫게 해 준다는 뜻에서 '경계 설정boundary setting'의 학습이라고 부른다.

소극적 교육에서는 지시와 지도를 통하여 능력과 욕망의 조화를 학습하는 과정이 의무와 책임으로 부여되지 않도록 각별히 유의해야 한다. 아동은 이성이 발달하지 않아서 도덕관념이 없는데 의무와 책임을 부과하면 그릇된 관념이 형성되어 교정이 어렵고 위선도 자라날 수 있기 때문이다. 루소는 이렇게 부적절한 교육의 예를 제시하고 있는데, 그 중 흥미로운 예 두 가지를 보도록 하자. 첫 번째 예는 해서

는 안 되는 일을 하는 아동을 교사가 제지할 때 나누는 대
화이다.


선생: 그것을 해선 안 돼.

아이: 어째서 이런 짓은 해선 안 됩니까?

선생: 그것은 나쁜 짓이니까.

아이: 나쁜 짓, 어떤 것이 나쁜 짓입니까?

선생: 하면 안 된다고 되어 있는 것.

아이: 하면 안 된다고 되어 있는 일을 하면 어떤 나쁜 일이
　　　생깁니까?

선생: 너는 말을 듣지 않으니까 벌을 받는다.

아이: 나는 아무도 모르게 할 겁니다.

선생: 누군가 너를 지켜보고 있을 게다.

아이: 나는 숨어서 할 겁니다.

선생: 무슨 짓을 했는지 캐물을 거다.

아이: 나는 거짓말을 하렵니다.

선생: 거짓말을 하면 안 된다.

아이: 어째서 거짓말을 하면 안 됩니까?

선생: 그것은 나쁜 짓이니까 …(91).

아동이 이해할 준비가 되어 있지 못한 상태에서 도덕을 가르치려는 교사는 결국 순환논리에 빠지고 '나쁜 일'이라는 개념을 아동에게 설명하지 못한다. 또 다른 예는 아동에게 우화를 들려주는 것의 부적절성에 관한 것이다. 루소는 잘 알려진 『라 퐁텐의 우화』를 검토하는 데 그중 하나로 '까마귀와 여우'를 보자. 우선 어른들의 생각과 달리 아동이 우화에서 나오는 단어와 비유를 이해하지 못하는 문제가 있다. 만약 이해가 된다면 더 큰 문제가 대두된다고 하는데, 열 살 정도의 아동이 자기가 원하는 것을 얻기 위하여 아첨하고 거짓말하는 방식이 있다는 것을 알게 하는 것은 미덕보다는 부도덕으로 인도하는 백해무익한 일이라는 것이다. 이 나이의 아동에게 그냥 재미로 책을 읽도록 하는 것은 무방하지만, 책에서 도덕적 교훈을 가르치려고 한다면 능력 이상의 관념을 강요하는 일이 되므로 부적절한 활동이 된다. 그릇된 독서는 오히려 아동의 관심과 호기심을 메마르게 하므로 금지해야 할 일이다. 루소는 아동이 글을 익히게 하고 싶다면 친구의 생일파티 초대장을 읽는 일 따위의 유용성에 관련된 활동으로 충분하다고 조언한다.

루소는 아동의 눈높이에 맞는 방식으로 능력과 욕망의 조화를 학습할 수 있다고 믿는다. 아동이 하면 안 되는 일은 지시를 통해 금해서도 안 되고 토론을 해서도 안 된다. 일관성 있게 방해하거나 거절해야 한다. 반대로 아동에게 꼭 필요한 것을 달라고 했을 때 즉시 주어야 한다. 이런 과정을 통해 자신의 능력 밖에 있는 것은 포기함으로써 자신의 무력함을 알게 된다. 루소는 아동이 이 시기에 이성 대신 힘, 필연, 무력, 구속과 같은 것을 인식해야 한다고 주장한다. 오늘의 관점에서 보면 루소가 아동을 억압한다고 볼 수 있겠다. 그러나 루소의 의도는 아동이 타인에게 의존하거나 타인을 원망함 없이 욕구가 충족되거나 좌절되는 경험을 함으로써 능력과 욕망이 건전하게 조화를 이루도록 안내하자는 것이다. 루소에 의하면, 능력과 욕망이 일치되는 수준에 있을 때, 능력이 활동으로 연결되고 마음은 안정을 얻는 조화 속에서 자신이 어떤 존재인지 발견할 수 있다.

특히 놀이를 통하여 즐거움을 느끼면서 능력과 욕망을 조화시키는 방안을 스스로 깨달을 수 있도록 해야 한다. 루소는 아동이 놀이를 통해 스스로 즐기는 법을 알면 모든 것을 배운 것이라는 플라톤의 제안에 적극 동의한다. 아이는 아이로 생각해야 하므로, 인지학습으로 가르칠 것이 아니라 놀이를 통해 능력의 가능성과 한계를 깨닫게 해야 한다. 놀이는 인간에 의존하지 않고 자연과 친구가 되는 것이다. 에밀은 자연에서 마음껏 놀고 자연을 마음껏 경험한다. 자연에서 그의 활력을 아낌없이 발휘하면서 에밀은 건강해지고 수많은 현상을 직접 경험한다. 어둠과 밝음, 추위와 더위, 천둥소리와 바람소리, 쓴맛과 단맛, 향기와 악취를 경험하면서 오감(시각, 촉각, 청각, 미각, 후각)을 적극 활용하고 발달시킬 수 있게 해야 한다. 루소(158)는 "우리 안에서 최초로 형성되는 완성된 능력은 감각기관"이라고 설명한다. 아동기가 바로 감각기관을 훈련해야 할 시기이며, 그 훈련은 단지 그것을 사용하는 것에 그치는 것이 아니라 그것을 통하여 느끼고 판단하는 방법을 배우는 것이다. 인간이 하는 최초의 자연적 움직임은 마치 방 안에 들어온 고양이가

하는 짓처럼 주위에 있는 모든 것과 자기를 비교하고 주위의 한 가지 한 가지에 대하여 자신과 관련된 감각적인 성질들을 파악하는 일이라고 한다. 그 예로 어두운 방에서 눈을 가리고 손뼉 소리를 듣고 돌아다니면서 사물을 느끼는 '밤놀이' 혹은 '까막놀이'를 소개하면서, 판단에 주로 사용되는 시각을 차단하고 촉각을 최대한 활용하는 놀이를 예로 들고 있다.

자기보존을 위한 자생력을 확장하는 노력을 통하여 외부의 대상과 자연 세계에 효율적으로 작용할 수 있는 신체적 능력과 기초적 이성의 발달이 촉진된다. 외부의 대상에 대한 인식은 사물과 현상 그 자체에 대한 관찰 그리고 사물들과 현상들 간의 관계에 대한 관찰에서 시작된다. 이러한 관찰은 감각sensation을 불러일으키고, 다수의 감각이 비교되고 구분되고 결합되면 초보적 개념들ideas이 형성된다. 루소는 로크가 발달의 순서를 거역하여 관념을 감각 체험보다 먼저 형성하게 하는 오류를 저질렀다고 신랄하게 비판한다. 또한 오감을 통하여 사물들을 감지함으로써 그것이 자신에게 이로운지 해로운지 그리고 그것을 활용해야 할지

회피해야 할지를 판단할 수 있게 된다. 이렇게 다수의 감각을 비교, 구분, 결합하는 활동을 통해 단순 개념이 형성되고 판단력이 발달한다. 루소(147)는 이런 과정을 "자기보존에 관련된 일종의 실험물리학"이라고 부르면서 이런 과정을 통해 발달하는 판단력을 '육감'이라고 부른다. 오감을 동원하여 발달하는 판단력인 육감은 인간에게 첫 번째로 나타나는 이성으로서 루소(196)는 '감각적 이성 혹은 어린이 이성'이라고 분류한다.

단순한 관념과 판단의 예를 들면 '온도'라는 관념이 형성되면 기온의 차이를 비교할 수 있게 되고, '공간'이라는 관념이 형성되면 공간의 크기와 위치를 비교할 수 있는 판단력이 생겨난다. 또 다른 예로 여러 가지 형태로 매일 만들어졌지만 둘레의 길이가 같은 과자를 먹으면서 그중에서 어느 것을 고르면 가장 많이 먹을 수 있는가를 발견하려다가 '아르키메데스의 원리'를 깨우친 '먹보' 아이를 소개하고 있다. 그리고 하늘을 나는 연의 그림자를 보고 그 연의 위치를 가늠하는 아동의 사례도 들려준다. 감각적 이성은 자신과 사물의 관계에 작용하는 것일 뿐 아직 인간과의 관계에 작용하지는 못하며, 도덕적 추론 기능을 수행하지 못한다. 그러나 감각 발달은 기초적 이성을 통해 사물과 자연을 통제할 수 있는 심신 자생력의 획득을 가능하게 하는 동시에 자신의 능력의 한계도 알게 한다. 타인에게 능력과 욕망의 균형을 꾀할 방안을 의존하지 않고 자신의 힘으로 발견하는 것이다.

아동기가 완성되면 사물을 판단하고 통제할 힘 그리고 그 힘을 활용하여 욕구를 충족할 수 있는 판단력과 통제력이 갖추어진다. 그런 힘이 자생력이며 그것은 이제 타인에 대한 의존에서 점차 벗어나서 자생력이 자라나는 것을 의미한다. 자생력이 생기면서 자신의 능력과 욕망을 스스로 조화시킬 수 있게 된다. 루소는 자기보존을 위한 자애심의 발달이 인간 삶의 필수 조건이고 이후에 도덕 발달의 기초가 되므로, 자애심을 억압하거나 조작하지 말라고 경고한다. 다만 앞에서 설명한 바와 같이 파괴적 속성이 드러나고 악이 비롯되는 것을 방지하기 위하여 자생력의 증진과 욕망의 조절이라는 두 가지 방안을 통하여 건전한 자애심을 발달시킬 것을 촉구한다. 이러한 자생력은 어른의 지시에 의한 인지학습이 아니라 자발적인 놀이를 통하여 형성된 것이다. 중요한 것은 이런 자생력이 행복과 자유를 희생시켜 얻어진 것이 아니라 두 가지가 서로 협력하는 소극적 교육을 통해 이루어졌다는 것이다. 루소는 당대의 교육이 인지학습을 통해 자신의 판단이 아니라 타인의 이성을 사용하는 방법만 가르치면서 자유와 행복을 박탈하고 자생력도 형성하지 못하게 하는 "불확실한 미래를 위하여 현재를 희생시키는 잔혹한 교육"이라고 비판한다. 그 비판은 곧 오늘의 우리 교육에 대한 비판이다. 여기서 루소가 제시하는 대안은 우리가 잘 알고 있는 말, "현재를 즐겨라!Carpe diem!"로 압축할 수 있다. 교육의 핵심을 드러내는 이 명언은 로마의 시 구절로서 영화 〈죽은 시인의 사회〉에서 키팅 선생이 학생들에게 이 말을 자주 외치면서 유명해졌다.

- 3권 소년기 – 자발적 학습을 통한 이성의 발달과 직업교육

12살부터 15살의 시기는 매우 독특한 시기로서 힘의 발달이 욕망의 발달보다 우세하는 시기이다. 앞에서 강조한

바와 같이 힘과 욕망이 불균형하면 자기 힘으로 삶의 도전 거리를 해결하기보다는 타인의 힘에 의존하거나 도전에 굴복하는 허약함이 나타난다. 그러므로 힘의 발달이 왕성한 이 시기에는 능력과 체력을 마음껏 발산하되 적절한 용도에 쓰도록 하여 일, 공부, 연구에 몰두하게 해야 한다. 물론 그 방식은 자발적 학습이어야 한다. 소년기는 놀이에 쓰였던 열의를 생존에 유용한 일을 공부하는 것으로 돌리고, 자기 자신을 이해하고 자신에게 유용한 삶을 배우도록 학습의 범위를 확장하는 시기이다. 자발적 학습은 아동기에 익힌 기초적 이성을 동원하여 사물들 간의 관계를 파악하고 사물에 대한 통제력을 확대하는 과정이다. 여기서 유의할 점은 지적 호기심을 자연스럽게 점화하는 것이다. 학습 동기가 타인의 관심이나 칭찬을 끌어내려는 것이 되면 자생력을 신장하는 것이 아니라 타인 의존성을 강화하게 되므로 자발적 관심을 발휘하게 해야 한다.

소년기에는 감각적 이성을 '관념적 이성'으로 발전시켜야 한다. 이를 위하여 역시 추상보다는 자연현상과 사물 같이 구체적 대상을 학습소재로 삼는 것이 적절하다. 개체와 현상은 그 변화를 관찰하면서 다른 개체와 현상과의 관계를 관찰하기에 적합하기 때문이다. 소년이 호기심을 보일 때 어른의 관점에서 서둘러 답을 주지 말고 스스로 노력하도록 해야 한다. 여기서도 소극적 교육이 다시 작동되어야 한다. 그 모습은 아래와 같다.

자기가 할 수 없는 일이라고 깨달은 뒤가 아니고는 결코 타인의 도움을 빌리지 않는 그는 자기가 알 수 없는 일에는 언제나 오랜 시간에 걸쳐 그것을 조사해 본다. 그는 생각이 깊고 함부로 사람에게 질문하지 않는다. 따라서 적당한 때에만 사물을 그에게 보이도록 해야 한다. 그리고 그의 호기심이 충분히 그 사물에 쏠려 있다는 것을 알았을 때 뭔가 간단한 질문을 함으로써 그 문제를 해결하는 길을 제시해 주어야 한다(218).

루소는 뭔가 배우는 것보다 억지로 뭔가 해야 하는 일이 결코 없어야 하는 것이 더 중요하다고 강조한다. 또한 과정이 어렵더라도 결과는 유쾌해야 하고 학습은 싫증을 내기

전에 끝내야 하는 것이 자발적 학습을 촉진하는 원리이다.

각 사물의 속성과 역할을 이해하여 관념을 형성하고 사물들의 비교와 대조를 통하여 관계를 파악함으로써 복합 관념을 형성할 수 있게 된다. 사물들의 관계를 분석하고 종합할 수 있는 판단력을 발달시키기 위하여 오랫동안 주의를 기울여 관찰하고 깨닫도록 해야 한다. 그리고 지식의 양을 중요하게 여기지 말고 하나를 알더라도 정확하고 명료하게 알도록 해야 한다. 이러한 인식 방식은 연역법이 아니라 귀납법의 방식이다. 자력 실험을 통한 나침반의 원리 발견, 온도에 의한 액체의 수축과 팽창의 관찰을 통한 온도계의 원리 발견, 공기 무게 측정을 통한 사이펀의 원리 발견 등 다양한 실험이 귀납적 지식의 형성에 기여한다. 이러한 인식의 과정을 재구성하면 다음과 같은 순환 과정이다.

어떤 문제 상황의 관찰과 경험 → 다양한 해결 방안 탐색 → 잠정적 가설 ① 수립 → 다른 문제 상황의 관찰과 경험 → 가설 ① 검증 → 가설 ①의 수정 → 가설 ②의 수립 …

루소는 이러한 귀납적 인식을 관념적 이성이라고 부른다.

관념적 이성 역시 감각적 이성과 마찬가지로 자연과 사물과 자신의 관계를 파악하고 통제할 수 있는 능력, 즉 자생력을 개발하기 위한 것이다. 배운다는 것 자체가 자동으로 의미를 갖지는 않는다. 학습은 자신의 삶에 무엇이 유용한가를 판단하고 그것을 적절하게 추구할 수 있는 능력인 자생력을 신장하는 것을 목적으로 해야 의미가 있다. 에밀이 자신의 삶에 유용한 것을 배운다는 의미를 인식하게 되면 학습에 더 몰두할 수 있게 된다. 학습의 의미를 인지하면, 놀이와 일을 구분하게 되고 삶에 유용한 능력을 배우는 학습에 자발적으로 몰입할 수 있다.

이 시기에 에밀은 생애 처음으로 비로소 책다운 책을 읽게 된다. 그 책은 『로빈슨 크루소』이다. 루소는 그것을 '자연교육 개론' 혹은 '자연과학의 원전'이라고 부르면서, 인간이 홀로 생존할 수 있는 모든 방법과 기술을 가장 잘 보여주는 책이라고 소개한다. 여기서 에밀은 독서를 통하여 자생력을 갖추어야 생존할 수 있다는 진실을 대리 경험을 통하여 알게 되고, 어떤 자생력이 필요한가에 대하여 상상력과 추론 능력을 동원하게 된다. 이처럼 독서를 통한 상상력과 추론은 삶에 유용한 학습을 더 촉진할 것으로 루소는 기대하였다.

관념적 이성이 성장한다는 것은 이전 단계보다 더 발달한 자생력을 갖추는 것이고, 이 단계에서는 자생력을 발휘하여 자신에게 필요한 것을 획득할 수 있도록 직업을 선택해야 한다. 루소는 직업 중에서 가장 존중되어야 할 직업이 농업, 대장장이, 목수처럼 삶에 기본적 필요를 충족하는 데 필수적인 육체노동이라고 설명한다. 이런 구분은 플라톤이 계급 중에서 가장 기본이 되는 것으로 생산계급을 꼽는 것과 비슷하다. 다만 에밀은 플라톤이 요구하는 생산계급과 달리 생산에만 종사하는 것이 아니라 시민이 갖추어야 할 소양으로서 생산을 배운다. 루소의 시민은 플라톤이 사회적 역할을 계급으로 나눈 것과 달리 생산, 수호, 통치의 역할을 모두 수행할 수 있어야 한다. 일한다는 것은 자생력을 갖추게 되는 것뿐 아니라 사회에서 다른 사람들과 공존할 수 있도록 자기 역할을 마련하는 일을 배움으로써 사회인과 시민의 기초를 다지게 되는 것이다. 그래서 루소는 노동의 학습을 강조한다.

사회에서 인간은 필연적으로 다른 사람의 희생에 의해 생활하기 때문에 그는 생활비를 노동으로 갚아야 한다. 여기에 예외는 없다. 일을 한다는 것은 사회적 인간의 필수불가결의 의무이다. 부자이건 가난한 사람이건, 강자이건 약자이건, 놀며 살아가는 시민은 모두 악인이다(258).

일을 배우는 과정은 시민의 의무를 이행할 수 있는 소양을 개발하는 과정이기도 하다.

만약 에밀이 직업으로 농업을 택하게 된다면 식량은 자급자족하겠지만 쟁기 같은 연장을 얻기 위하여 대장장이로부터 식량을 주고 연장을 얻어야 하는데, 이 과정이 곧 '교환'이라는 관념을 알게 되는 과정이다. 이런 방식으로 기능의 교환, 생산품의 교환, 수표와 화폐의 교환을 알게 되고 사회관계에서 공생이 필요하다는 것을 배운다. 교환의 관념으로부터 사회관계를 위한 상생의 관념이 형성된다. 즉 협력이라는 개념이 형성되는 것이다. 협력과 교환이라는 사회관계는 아직 도덕적 관계로 비약되어서는 안 된다. 에밀은 아직 자연의 첫째 법칙인 자기보존에만 관심이 있고 그 이상을 알 수 있는 지적 능력이 부족하기 때문이다.

협력과 교환은 노력의 결실인 생산품을 자기가 필요로 하는 타인의 생산품과 교환하는 평등의 관계이며 상생의 관계이다. 이 관계는 타인과 부자유하고 불평등한 관계를 맺는 것이 아니다. 루소는 타인 의존적인 존재가 아니라 자생적이며 상생적인 존재가 되는 것이 교육의 목적이라고 거듭 강조한다. 그래서 루소(83)는 "현대에 이르러서는 우리 모두가 타인 없이 살 수 없게 되었다. 이 점에 있어서는 우린 또 다시 무력하고 비참한 인간이 돼 버렸다. … 부자도 귀족도 왕족도 모두 아이다"라고 지적한다. 에밀은 그런 상태가 아니라 자신의 힘으로 생산하고 그것을 평등한 관계에서 교환하여 자신의 생존을 책임지고 상생할 수 있는 자유로운 존재이다. 에밀은 사물의 원리를 파악하고 판단할 수 있는 이성이 있으며, 이성을 활용하여 노동할 힘도 갖추고 있다. 이로써 에밀은 신체에 의한 노동력 그리고 이성에 의한 판단과 성찰의 능력을 겸비하게 된다.

에밀의 지식은 양으로는 적지만 그 지식을 확실한 것으로 그리고 그 자신의 것으로 알고 있으므로, 지금은 알지 못하지만 나중에 알게 될 많은 지식이 있다는 점과 결코 알지 못할 일도 수없이 있을 것이라는 '개방적인 정신'을 갖게 된다. 또한 어떤 현상과 지식도 당연한 것으로 믿는 것이 아니라 그 유용성은 무엇이며 그 이유가 무엇인가를 끊임없이 성찰할 것으로 기대된다. 루소(277)는 이러한 '개방성'과 성찰 덕분에 에밀이 "그 지식에서 있어서가 아니라 그것을 획득하는 능력에 있어서 보편적인 정신을 가지고 있다"라고 표현한다. 다른 말로 하자면, 에밀에게 지식을 가르치는 목적은 "학문을 배우는 것이 아니라 그것을 만들어 내게 하는 것"(217)이다. 또한 "학문을 주는 일이 아니라 필요에 따라 그것을 얻는 법을 가르치고, 학문의 가치를 정확하게 평가시키고, 무엇보다도 진실을 사랑하게 하는 일"(277)인 것이다. 최근 교육학에서는 지식의 내용을 학습하기보다 '학습하는 방법을 학습learn to learn'하는 것이 더 중요하다고 강조된다. 에밀의 교육은 바로 '학습하는 방법을 학습'하는 과정이다.

소년기의 교육이 완성되면 에밀은 열심히 일하고 절제하고 인내심이 풍부하고 용기로 충만해 있다고 루소는 확신한다. 에밀은 "건강한 신체와 경쾌한 손발을 가지고 있으며 편견 없는 올바른 정신, 자유롭고 감성에 시달리지 않는 마음을 가지고 있다." 루소(269)는 교육의 관건이 '신체의 훈련'과 '정신의 훈련'이 서로를 보완하고 고양되게 하는 것이라고 주장하는데, 에밀은 "농부처럼 일하고 철학자처럼 생각해야 한다"는 루소의 요구에 부응한다. 이 부분을 읽으면, 에밀이 마르크스가 『독일 이데올로기』에서 꿈꾸었던 사회에서 살 수 있도록 루소가 준비하고 있는 것 같은 느낌이 든다. 그 사회는 공생共生사회로서 "각 개인은 제가 하고 싶은 대로 오늘은 이 일, 내일은 저 일, 아침에는 사냥하고, 오후에는 낚시하고, 저녁에는 소를 몰고, 저녁 식사 후에는 비평을 하면서도, 사냥꾼으로도, 어부로도, 목동으로도, 비평가로도 되지 않는 사회"이다. 루소와 마르크스는 각 개인이 육체와 영혼의 자생력을 겸비하여 자신이 진정 소망하는 일을 하면서 자아를 실현하는 비전을 공유하는 것으로 보인다.

에밀의 교육은 앞으로 더 나가야 한다. 루소는 에밀이 자생력에 관련된 모든 덕virtue을 갖추었지만 사회적인 덕도 갖추어야 한다고 촉구한다. 에밀은 사고하고 행동하는 존재이지만 "인간으로 완성시키려면 사람을 사랑하는 감수성이 강한 존재로 만들 것, 즉 감성에 의해 이성을 완성하는 일"(270)이 남아 있다. 루소는 자신에게 적합한 삶의 기준에 의해 자력으로 자아실현을 할 가능성이 모두에게 평등하게 주어졌으며, 자연인의 교육은 그 가능성을 실현하면서 자유와 행복을 증진하는 교육이라고 설명한다. 에밀은 소년기를 마칠 때 그러한 자연인으로 완성되며, 이성을 갖추고 심신이 건강한 개인으로서 건전한 인간관계를 맺을 준비가 되었다. 타인의 의견에 좌우되지 않는 인간으로 건전한 자애심과 자생력이 갖춰진 것이다. 또한 자생력의 획득 과정에서 자신의 고통과 어려움을 인지하고 개념화할 수 있게 된다. 에밀은 단순한 형태일지라도 자신의 고통을 개념화할 수 있으므로 그 개념을 통하여 타인의 고통을 동정하고 공감할 수 있는 발판, 즉 도덕 발달의 기초가 마련됨으로써 사회인으로 성장하는 교육으로 진입하게 되는 것이다.

## 2. 사회인의 교육

- **4권 청소년기 – 동정심의 발달과 유한성의 공감을 통한 도덕교육**

4권은 에밀이 시민으로 성장하는 과정에서 가장 중요한 도덕교육을 다루는데, 분량도 전체의 1/3을 차지한다. 3권까지는 자애심과 자생력이 발달한 자연인을 기르는 자연교육이었고, 4권에서는 이를 기초로 15살부터 20살까지의 기간에 타인과 상호존중할 수 있는 건전한 자존심과 도덕성을 기르는 인간교육이 진행된다. 루소는 이 시기에 에밀이 다른 사람과 관계를 맺으면서 사회적 존재로 자신을 인식하게 된다고 설명하면서, 이 과정을 '제2의 탄생'이라고 부른다. 소년기까지는 자연적 존재로서 '자생'이라는 삶의 목표를 실현하기 위하여 사물과의 관계 속에서 자신을 인식하였다. 반면에 청소년기에는 사회적 존재로서 '상생'이라는 삶의 목표를 실현하기 위하여 타인과의 관계 속에서 자신을 인식하게 된다. '자아 형성'이 자연적 과정에서 사회적 과정으로 전환되는 것이다. 타인과 공존하는 사회적 관계는 도덕성의 발달을 요구한다. 그래서 청소년기 교육의 가장 중요한 목표는 다른 사람과 더불어 사는 상생을 위한 도덕교육이다.

4권의 앞부분에서 루소는 우리가 이미 살펴본 '자애심'과 '자존심'이라는 감성을 설명한다. 다시 요약하면 루소는 감성에 의해서만 교육이 이루어지고 완성된다고 믿는다. 감성에는 자애심 그리고 그것에서 파생되는 자존심이 있다. 자애심은 자신에 전념하여 타인을 의식하지 못하는 감성이며, 자존심은 타인에게 인정받기 원하는 감성이다. 이때 인정 욕구가 지나치면 자존심도 지나치게 되어서 자신을 꾸미고, 남을 속이고, 시기하고, 조종하려 든다. 근대사회가 지나친 자존심으로 위선, 허영, 시기 등을 추동하여 타락하였다는 루소의 비판은 우리가 이미 살펴보았다. 자존심이 변질되어 극심한 인정투쟁에 악용되는 것이 아니라 상호 존중의 관계에 선용되기 위해서 두 가지 교육이 필요하다. 첫째, 자애심이 건전하게 발달되어야 한다. 능력과 욕망이 조화를 이루고 자생력이 충만한 사람은 타인에게 덜 의존하므로 자애심이 건강하다. 자애심은 "인간이 태어남과 동시에 태어나고, 성장 과정 전반에서 지속"되고, "살아 있는 동안은 절대로 없어지지 않는 단 하나의 감성"이라는 루소 (284)의 말처럼 인간의 성장에 가장 근간이 된다. 둘째, 자애심을 활용하여 자존심을 건전하게 발달시키기 위하여 타인에게 인정받으려는 욕망과 타인의 의견에 의존하는 성향을 줄여서 자신의 파괴적 속성을 억제하고 상호존중을 위한 태도와 능력을 개발해야 한다. 이미 에밀은 첫 번째 교육을 완료하여 건전한 자애심을 갖추고 있다. 그러면 이제 남은 것은 두 번째 교육으로 건전한 자존심을 발달시키는 교육이며, 이것은 4권에서 도덕교육을 통하여 이루어진다.

자존심은 친구와 이성을 갈구하는 마음에서 시작된다. 사춘기에 이른 소년은 자신을 남성으로 인식하고 성적sexual 경쟁에 돌입하여, 다른 소년들보다 여성들의 관심을 더 끌려고 노력하게 된다. 이성에게 성적 매력을 발산하고 인정받고자 하는 욕구가 자존심의 원형인 셈이다. "누군가를 좋아하게 되면 상대도 자기를 그렇게 생각해 주기를 원한다. 사랑은 상호적이어야 한다. 사랑받으려면 사랑스러운 인간이 되어야 한다"(288)라는 설명처럼, 이성에게 사랑받고

자 하는 감정은 일방적인 관계가 아니라 상호적 관계가 되어야 한다. 인정받고 싶은 감정, 즉 자존심이 생겨서 사회적 관계를 맺게 되고, 내가 존중받고 싶은 만큼 다른 사람을 존중할 수 있게 된다. 인정받고 싶은 욕구로 인하여 자존심을 갖게 되면, 자신의 욕구에만 집중하던 인간이 다른 사람과 상호존중할 수 있게 되고 도덕적 질서에 입문할 수 있게 된다. 물론 자존심은 지배 욕구로 변질될 수 있지만, 에밀에게는 건전한 자애심이 갖춰졌기 때문에 도덕 발달로 이행할 수 있게 된다. 사춘기에 본능적으로 이성에 대한 욕망에 눈을 뜨게 되지만 상호존중을 지향하는 자존심의 발달을 위해서 루소는 사랑보다는 우정을 추천한다.

상호존중이라는 긍정적 성향을 지향할 수도 있는 자존심이 비교를 통해 우월감에 집착하게 되면 부정적 자존심으로 변질된다. 비교에는 자신이 존중받아야 한다고 자부하는 수준과 자신에 대한 타인의 평가와 존중을 비교하는 경우가 있고 자신이 다른 사람보다 더 존중받고 더 잘 평가받고 있는지 비교하는 경우도 있다. 두 형태의 비교 모두 "그의 내부에 불러일으키는 최초의 감정은 제1위를 차지하고 싶다는 일이다. 이것은 자기애가 자존심으로 바뀌는 지점이다"(320). 최고를 향한 욕망에 쌓여서 늘 비교에 집착하면 자신의 가치를 타인의 평가에 맡기는 결과가 초래된다. 우리는 타인의 평가와 무관할 수는 없지만 타인 의존성이 지나치면 타인에게 잘 보이려고 위선하고 타인의 의견에 종속되기 쉽다. 루소(288)는 지나친 타인 의존성이 "위대한 사람의 마음속에선 거만해지고 비천한 사람들의 마음속에서는 허영이 되며 모든 사람의 마음속에서 끊임없이 주위 사람을 희생"시킨다고 지적한다. 지나친 비교는 오만, 허영, 시기, 기만, 질투, 증오 등 부정적인 행태를 초래하고 이로 말미암아 지나친 인정투쟁 그리고 자기소외와 갈등이 확산된다. 루소는 지나친 자존심이 발휘되는 인정투쟁은 항상 타인과의 비교를 통하여 자기 존재를 인식하게 되는 것으로서 절대로 만족하는 일도 없고 만족할 리도 없다고 단언한다. 지나친 자존심은 자기만을 인정해 주기를 요구하는 것인데 어느 한때는 그럴 수 있어도 이것이 지속되는 것은 불가능할 것이다. 자존심이 지나친 사람은 자신의 가치를 스스로 평가하는 기준이 없어지고 타인의 기준에 의존하므로, 자신의 '주인'이 될 수 없고 타인의 '노예'로 전락하게 된다. 노예의 상태라는 것은 자신의 말과 기준으로 자신을 표현하지 못하고 타인의 말과 기준에 의하여 자신을 인식하는 상태이다. 이렇게 자기소외와 노예 심리의 요인이 되는 자존심이 바로 루소가 병리적inflamed이고 자멸적 형태의 자존심이라고 부르는 것이며, 소모적 인정투쟁을 촉발하는 감정이다.

루소는 자존심을 긍정적으로 발달시키기 위해선 도덕교육이 필요하다고 제안한다. 도덕교육은 에밀에게 잠재한 동정심을 작동시켜 (그의 감정을 개인적 차원에서 벗어나게 하여) 사회적 차원에서 자기 주변에 있는 '구체적 타자들concrete others'을 존중할 수 있는 도덕적 판단으로 진전시키는 것이다. 루소(295)는 "감수성이 자신의 개체성에 머무르는 한 행동에 도덕적 측면은 없다"라고 설명하고, 사회적 관계에 입문하여 "자신 안의 감수성을 사회로 확장할 때 도덕적 측면이 나타난다"라고 강조한다. 루소는 인간이 사회적 관계를 맺게 되면 자기중심적 자애심은 타인을 의식하는 자존심으로 변형되며, 타인과 공감하고 타인을 동정할 수 있게 되면 '도덕적 존재'로서의 감성이 형성되고 도덕적 추론의 가능성이 열린다고 설명한다. 에밀의 도덕교육은 ① 자신과 관련이 있는 구체적 타자를 동정하는 형태의 자존심 개발, ② 도덕적 추론의 발달 그리고 ③ 인류 보편적 도덕인 양심과 정의의 형성이라는 순서로 진행된다. 이 순서대로 도덕교육에 대해 알아보자.

첫째, 도덕교육은 자기가 알고 있는 타자의 고통과 불행을 동정하고 공감할 수 있는 성향을 활성화해야 한다. 동정심은 "자연의 질서에 의하여 최초로 사람의 마음을 움직이는 상대적인 감정"(300)으로서 인간이라면 누구나 타고나는 태생적 감성이다. 공감compassion되어야 동정심이 발휘되므로 루소(303)는 동정심과 공감을 같은 감정으로 여긴다. 또한 동정심은 도덕 발달을 가능하게 하는 자질이므로 덕목으로도 이해한다. 타인의 불행과 고통에 공감하면, 타인을 자신과 같은 유한한 사람으로 인식하고 서로가 도움이 필요한 관계로 인식하게 된다. 이때 공감은 자신의 도움을 자신의 우월성과 은혜의 발로로 보는 착시를 모면하게 한다. 에밀이 구체적 타자의 고통에 공감한다는 것은 타인을 자신과 함께 공존하는 존재로 여길 수 있게 되는 것을 의미한다.

둘째, 구체적 타자에 대한 공감을 인간 공통의 유한성에 대한 공감으로 확장하도록 도덕적 추론을 장려해야 한다. 동정심은 타인의 불행이 자신에게도 닥칠 수 있다고 공감할 때 가장 잘 발휘된다. 에밀은 자애심과 자생력이 건전하게 발달한 덕분에 자신의 유한성을 잘 인식하고 있으므로 타인의 고통도 유한성 때문인 것으로 공감하고 자신의 처지와 그 사람의 처지를 동일시할 수 있게 된다. 불행한 사람들의 운명이 자신의 운명이 될 수 있다는 인식이 인간은 모두 완전하지 못하다는 인식과 결합하여 인간 공통의 유한성을 성찰하는 계기가 된다. 또한 이러한 성찰은 도덕적 판단을 시작하는 계기가 된다. 루소(300)는 동정이 "우리 자신의 존재를 벗어나서 고통받는 사람에게 다가가서 그 사람과 동일시하고 그 존재를 떠맡는 것"이라고 강조한다.

우리는 고통을 판단할 수 있는 만큼 공감할 수 있다. 우리의 처지가 아니라 그 사람의 처지에서 공감하는 것이다. 상상력이 작동되어 자신의 처지에서 생각하는 것을 벗어날 때 동정이 활성화된다(300. 필자의 번역).

인간의 고통과 유한성에 대한 동정이 동일시로 연결되면 도덕적 상상력과 추론 능력이 작동된다. 도덕적 상상력과 추론은 에밀이 자기중심적인 판단에서 벗어나 동병상련同病相憐과 역지사지易地思之의 도덕성으로 진화하는 원동력이다.

추론할 수 있는 이성의 능력이 감정이 주도하는 도덕 발달을 보완한다. 에밀은 청소년기에 도덕교육을 시작할 때 이전 단계의 감각 발달과 실물교육을 통해 "적극적으로 생각할 수 있는 존재"(270)가 되어서, 감각적 이성과 관념적 이성을 갖추었다. 루소는 이러한 이성이 자기중심적 관점에서 생존을 도모하고 사물과 현상을 판단하는 데 사용되는 무심하고dispassionate 객관적인 이성이라고 부른다. 무심한 이성이 동정심과 결합하면 열정적passionate 추론이 촉발되어, 에밀의 판단 대상이 사물과 현상으로부터 동일한 존재인 인간으로 전환된다. 과도한 인정투쟁으로 감성이 오염된 인간은 이런 전환의 기회를 얻지 못하고 동정심이 결여된 채로 메마른 이성에 의존하는 추론만 한다. 그러나 동정심을 학습하고 발견한 인간은 역지사지의 입장에서 도덕적 추론을 할 수 있게 되는 것이다. 도덕적 추론은 공감과 동정심에 결합한 이성의 도움을 받아 타인의 입장에서 그들의 이익과 필요성을 진정으로 고려할 수 있게 된다.

셋째, 도덕교육의 최종 단계로서 추론의 일반화 기능을 함양하고 호혜성reciprocity을 인식하게 하여 인류 보편적 양심과 정의를 북돋우는 학습이 진행된다. 동정을 발휘한 보람을 인지하는 것이 중요하다. 루소에 의하면, "행복을 가져오는 일에 공헌할 수 있을 때 그것은 행복을 함께 맛보는 또 하나의 수단"이 되므로 더 많은 사람을 동정할 수 있게 된다(344). 동정에 의하여 실제 도움이 되는 행위를 했을 때, 타인이 행복하게 되는 것을 보고 자신도 행복해지는 것을 알게 된다. 타인의 행복 증진이 곧 자신의 행복 증진인 것을 깨닫게 되면, 그 대상을 구체적 타자에 한정하지 않고 점차 추상적 타자인 인류로 확대할 가능성이 열린다. 이 단계에서 공감과 동일시는 구체적 타자를 넘어 인류라는 '추상적 타자들abstract others'에게로 향한다. 이러한 확대 과정을 통해 자신을 추상적 관념으로서 인류의 일원으로 인식하게 된다. 또한 에밀이 자신의 도움 덕분에 행복해진 타인들이 자신의 고통에 도움을 줄 수 있다고 기대하게 되면, 인간관계의 호혜성을 분별할 수 있게 된다. 역지사지와 호혜성이 학습되고 그 범위가 확대하면, "모든 사람의 최대 협력을 위하여 헌신"하는 태도가 에밀의 내면에 자리 잡고 감성이 도덕적 원리로 일반화된다(346-7). 에밀이 추론을 일반화하고 호혜성을 인식하게 되었다는 것은 인류의 운명에 관심을 두고 추론할 수 있게 되며 이기심을 넘어 인류 공통의 이익으로 관심이 확산할 수 있다는 것을 의미한다.

　루소는 도덕적 실천과 성찰을 끊임없이 지속한 결실이 도덕교육이라고 강조한다.

　수없이 많은 방식으로 타고난 성향nature을 개발한 후에야 그리고 자기 자신의 감정과 타인 속에 관찰되는 감정에 대해 많은 성찰을 한 뒤에 비로소 인간은 자신의 개인적인 관념을 인류라는 추상적인 관념에 일반화할 수 있는 지점에 도달하게 되고 인류와 자신을 동일시한 후에야 자신의 애정affection을 인류에 대한 애정으로 결합할 수 있다(317. 필자의 번역).

이성 발달이 그러한 것처럼 도덕성도 실천이 주도하는 귀납적 순환 과정에 의하여 일반화된다. 도덕적 일반화에 작용하는 이성은 앞 단계의 이성보다 발달한 '지적 이성 혹은 인간적 이성intellectual or human reason'이다. 이러한 이성은 여러 개념을 판단하고 종합하여 복합적 개념을 생산하기도 하고 일반화하는 능력이다. 에밀이 도덕규범을 일반화하는 힘은 지속적인 실천 그리고 추론과 성찰로부터 생겨난 지적 이성에 의하여 뒷받침된다.

에밀이 인류에게 공감과 동정을 일반화할 수 있을 때 그의 도덕성은 '정의'에 도달한다. 정의 역시 추상적인 개념으로 외부에서 부과된 것이 아니라 자신의 지속적인 경험과 실천 그리고 이에 대한 부단한 성찰과 일반화의 결실로 깨닫게 된다. 에밀은 동정과 동일시를 계속 실천하고 확대하는 동시에 실천의 가치와 원리를 이성적으로 추론하고 성찰하면서 인류를 향한 보편적 정의를 깨닫게 된다.

루소는 정의를 의무로 받아들이는 것이 아니라 양심으로 사랑해야 한다고 요구한다. 양심에 대한 루소의 해석은 4권의 '사부아지역 신부의 신앙고백Confession of faith of the

Savoyard Vicar'에서 펼쳐진다. 이 부분은 루소가 방황하던 시기에 만난 사부아지역의 신부에게 영감을 받아서 쓴 것으로 알려지고 있다. 양심은 정의의 소중함에 대한 공감이자 정의를 향한 의지로서 정의로운 행동을 이끈다. 에밀이 정의를 내면화하면, 양심은 법칙이 아니라 감정으로서 자라나고 양심이 인도하는 대로 정의로운 행위를 하게 된다. 양심은 이성 이상의 확신으로서 인간 본성에 잠재한 감성이 승화된 도덕성이다. 루소의 말을 그대로 옮기면, "이성이 선을 알리면 양심은 그에 대한 사랑을 느끼게 한다. 이 감정이야말로 타고난 것"이다. 에밀은 이성의 조력으로 양심을 느끼지만, 양심을 정의에 대한 지식과 법칙이 아니라 정의에 대한 사랑과 같은 감정으로 체화해야 한다. 루소에게 도덕교육의 정점은 양심을 사랑하고 느낄 수 있는 사람으로 만드는 일인데, 이것은 루소가 내내 강조하는바, 즉 "감성에 의하여 이성을 완성하는 일"(270)의 완결이다.

에밀의 도덕교육에서 자존심은 공감으로 발휘되고, 공감은 이성과 결합되어 인류를 향한 보편적 도덕인 정의와 양심으로 발전된다. 루소는 에밀이 개인의 선과 공동의 선이 함께 증진된다는 것 그리고 그에 기여하는 것이 정의라는 것을 학습하는 일이 시민교육으로 이어지는 다리를 놓는 일로 생각하는 것 같다. 도덕적 존재로서의 에밀은 당연히 공동선의 표상인 일반의지에 참여할 것으로 준비되었기 때문이다. 에밀은 도덕교육을 통해 5권에서 제시되는 일반의지의 형성에 기여할 수 있는 도덕적 시민으로 재탄생할 준비를 마친다. 에밀은 4권의 나머지 부분에서 결혼하고 가족을 이루는 데 필요한 성교육을 받는다. 그리고 사회생활을 맛보기 위하여 도시로 나가 사람들을 만나고 문화를 경험하며 사교생활과 취미생활을 해보게 된다. 4권은 에밀이 마지막 교육 단계를 준비하기 위하여 교사와 함께 시골로 돌아오는 것으로 끝난다.

현대의 도덕교육의 중심에는 이성 발달을 통해 도덕 발달이 진행된다는 칸트Kant의 주장에 동조하는 피아제Piaget와 콜버그Kohlberg 같은 학자들의 인지 발달 모형이 있다. 그러나 최근 이성이 아니라 감성과 직관이 도덕 판단과 행위를 주도한다는 '사회적 직관주의'가 다양한 실험과 자료를 통하여 지지되고 있다. 최근 한국을 방문하여 강의한 하이트Haidt는 그의 책 『바른 마음』(2014)에서 도덕 판단에 직관이 우선하고 인지적 추론은 합리화하는 역할에 제한되며, 그 추론조차 처음의 직관이 이끌어 가는 모양새라고 주장한다. 이론의 측면에서뿐 아니라 최근 우리 사회에 일어난 '세월호' 비극에서 나타나는 도덕적 해이와 파행은 도덕에 관한 지식이 부족해서가 아니라 '감정의 연대'가 무너져서 일어난다는 의견도 많은 공감을 얻고 있다. 루소가 제시하는 감성이 주도하는 도덕교육이 요즈음 다시 조명을 받는 것으로 보인다.

### 3. 여성교육과 시민교육

- 5권 청년기 − 소피의 교육 그리고 사회계약에 참여하는 시민의 교육

20살이 넘은 에밀은 배우자로 소피를 만나서 생애 처음으로 사랑을 알게 된다. 5권의 앞부분에서는 소피가 배우자의 자격을 갖추었다는 것을 설명하기 위하여 남녀의 차이와 여성교육의 방향이 제시된다. 소피를 소개하는 부분

그리고 에밀이 소피를 만나는 장면부터 책은 소설처럼 전개된다. 책 전반에서 에밀의 성장 과정이 서사적으로 표현되고 여기에 소설의 형식까지 더해지므로 『에밀』로부터 '성장소설'이라는 장르가 시작된다고 이야기한다. 에밀은 교사와 여행하는 도중 소피를 만나 사랑하게 된다. 하지만 교사는 남편과 가장으로서의 자질을 갖추기 위해서는 먼저 시민으로서의 자질을 갖추어야 하므로 세계를 경험해야 한다고 권유한다. 에밀은 교사의 권유에 순종하여 일단 소피와 헤어지고 세계를 여행하면서 시민에게 필요한 '세계관'을 형성하게 된다. 이 과정을 '시민교육'이라 부르는데, 국가, 법, 권리와 의무, 자유와 평등, 사회계약, 일반의지 등을 학습한다. 교사는 여행을 마치고 혼인한 에밀이 가장과 시민의 자질을 완성했다고 판단하면서 에밀에게 교육이 끝났다고 알린다. 『에밀』은 에밀이 교사에게 계속 자신과 자식의 조언자로 남아 주기를 간청하는 것으로 끝난다.

5권의 내용을 보기 전에 사적 영역인 결혼과 가정생활이 왜 시민교육과 연결되는가, 그리고 그것이 왜 시민교육의 사전 단계로 설정되는가를 이해해야 한다. 첫째, 가족과 시민사회는 공통으로 상호존중이라는 도덕적 관계가 실현되어야 하는 장이다. 물론 두 영역에서 상호존중은 각기 다른 형태로 나타난다. 그러나 부부의 관계와 시민들의 관계가 경쟁적으로 되면 인정투쟁이 더 격화되고 상호존중의 실현이 더 어렵게 된다. 부부관계가 상호존중의 관계로 정착된다면 그런 경험을 한 시민이자 남편은 다른 시민들과 상호존중의 관계를 맺을 확률이 더 높아질 것이다. 루소는 부부 사이의 상호존중을 진작시켜서 시민 사이에서도 상호존중이 증진되기를 기대한다.

둘째, 루소는 감성과 욕망 그리고 사유재산과 가정이 시민으로서 갖추어야 할 애국심과 책무성이 자라나는 토양이 된다고 판단한다. 루소(523)는 『국가론』에서 플라톤이 제시한 교육 모델을 지지하지만 그 모델의 오류도 지적한다. 플라톤은 통치자 계급이 철저히 이성에 의하여 정의를 구현해야 하므로 감성과 욕망을 유발하는 사유재산과 가정을 포기해야 한다고 주장한다. 그리고 여성도 이성을 개발할 수 있으므로 남성과 동등하게 교육 기회를 주어야 한다는 급진적인 주장을 펼친다. 루소는 이에 반박하면서, 사람에

대한 각별한 사랑이 국가에 대하여 가져야 할 사랑의 근원
이라고 내세운다. 가족을 '작은 조국'이라고 규정하고 가족
을 통하여 사람의 마음이 조국과 연결된다는 것이다. 그래
서 좋은 아들, 좋은 남편, 좋은 아버지만이 좋은 시민이 될
수 있다고 주장한다. 즉 애국심이 강해야 시민으로 헌신할
수 있으므로 애국심의 근원이 되는 가족애가 강하게 자라
나도록 에밀을 교육해야 한다. 이러한 루소의 생각은 플라
톤보다는 아리스토텔레스Aristoteles에 가깝다.

셋째, 루소는 가족 경영의 모델을 확장한 것이 국가 경영
이라는 당대 사상가들의 시각에 영향을 받았을 것이다. 또
한 루소는 좋은 국가의 가장 두드러진 특성이 인구의 증가
라고 여기므로 출산의 근거지가 되는 가정의 안정과 화목
을 중시하였다. 근대국가 대부분의 최우선 목표는 부국강
병이었고 이를 위하여 인구 증가가 절실했다는 점을 고려
하면, 루소의 생각이 그렇게 특이하게 보이지는 않는다. 이
러한 이유로 인하여 에밀의 배우자인 소피의 교육도 시민
교육의 일부로 다루어야 한다. 이제 5권의 주제인 여성교
육과 시민교육을 알아보자.

● 5권 여성교육

루소는 행복한 가정을 행복한 국가의 기초로 보고, 행복한 가정을 만드는 일은 전적으로 여성의 역할로 간주하기 때문에 여성교육을 비중 있게 다룬다. 루소가 지지하는 여성교육의 목적은 행복한 가정을 만드는 일, 즉 출산과 양육, 가사, 남편의 내조를 충실하게 하는 데 필요한 여성의 자질과 능력을 기르는 것으로 한정된다. 여성이 가족에 대한 의무를 소홀히 하거나 포기하면서 사회생활을 하는 것은 허용되지 않으며 그에 관련된 교육도 제공되어서는 안 된다. 또한 여성에게 가족에 대한 헌신 이외에 자아실현은 허용되지 않는다. 성평등을 지향하는 오늘의 관점에서 보면 루소가 제안하는 여성교육은 '성차별적 교육'으로 단죄된다.

그렇지만 루소가 여성을 열등하다고 여기는 것은 아니다. 루소는 여성과 남성 모두에게 권리와 의무가 있다고 인정한다. 남성이 여성의 가치를 평가하는 것처럼 여성도 남성의 가치를 심판하며, 이를 '상호적 권리'(578)라고 부른다. 또한 사랑으로 결합된 남녀는 서로 존경하고 신뢰해야 한다고 충고한다. 앞서 말한 것처럼 부부는 서로 존중하는 도덕적 관계를 맺어야 하기 때문이다. 그러면 성차별을 찬성하지 않는 루소가 왜 '성차별적' 여성교육을 제안하는가? 5권 첫머리에서 루소는 남녀의 공통점과 차이점을 종種과 성性의 관점에서 설명한다. 같은 종인 인간으로서 남녀는 신체 기관, 필요, 능력이 같으며 다르더라도 약간의 차이만이 있다. 인간으로서 남녀는 평등하다. 그러나 성의 관점에서 보면 남녀는 비교할 수 없이 다르다고 한다. 최초의 차이는 생존의 필요 충족 방식, 즉 자애심에서 나타나는데, 남성은 능동적이고 강하며 여성은 수동적이고 약하다는 것이다. 루소(516)는 강한 남성은 독립적으로 살 수 있지만, 약한 여성은 남성에게 의존해야 하므로 여성은 "남성의 마음에 들기 위해 태어났다"라고 주장한다. 여기에서 루소가 현대여성들이 심히 모욕으로 여길 만한 내용을 권고한다. 그것은 여성이 남성의 마음에 들기 위해 또는 정복당하기 위하여 태어났으므로 남성에게 도전하는 따위의 짓은 하지 말고 단지 남성을 기쁘게 하는 데 전념하라는 것이다. 그리고 이를 위하여 여성이 가진 매력을 십분 활용하라고 조언한다. 루소는 인간으로서 남녀는 평등하지만 그 속성에서 큰 차이가 있다고 확신한다.

루소는 이러한 설명을 하고 나서 흥미로운 반전을 꾀하는데, 남자가 독립적인 것으로 보이지만 사실 여자에게 의존하고 있다는 논리를 펼친다. 남성과 여성에게는 또 다른 차이가 있는데, 여성은 남성의 욕망을 쉽게 자극하는 천부적 재능이 있는 반면 남성은 여성의 욕망을 쉽게 만족시킬 수 있는 재능이 없다는 것이다. 그래서 남성은 여성의 비위를 맞추고 환심을 사려고 애쓰고, 여성이 남성을 받아들이면 자신이 강자라는 것을 여성으로부터 '승인' 받은 것처럼 착각하고 기뻐한다고 한다. 루소는 여성이 남성의 욕구를 충족시켜 줄 수 있고 남성의 존재 의미를 규정할 수 있는 위치에 있으니 결국 여성이 남성의 지배자라고 주장한다. 남성과 여성이 인정투쟁을 펼친다면 늘 승자는 여성인 셈이다.

남녀는 다르므로 각자에게 더 적합한 교육을 받아야 한다. 소피는 첫째, 전적으로 남편에게 헌신하는 부인이 되도록 교육받아야 한다.

여성의 교육은 모두 남성과 관련시켜서 생각해야만 한다. 남성의 마음에 들고, 쓸모가 있고, 남성의 사랑을 받고, 존경받고, 남편이 어릴 때는 길러 주고, 크면 뒷바라지를 하고, 조언을 해 주고, 위로해 주고, 생활을 즐겁고 기분 좋은 것으로 만들어 주어야 한다. 이런 일들이 모든 시대를 통한 여성의 의무이며, 여성이 어릴 때부터 가르쳐야 할 일들이다(527).

둘째, "복종은 여성의 자연의 상태"(534)이므로 여자아이가 어릴 때부터 자기가 복종하게끔 태어났다는 것을 스스로 느끼게 가르쳐야 한다. 루소에 의하면, "여성은 옳지 않을 일조차도 참아야 하며 남편이 나쁠 때에도 늘 불평을 하지 않고 참고 견디는 일을 일찍부터 배워야 한다"(535). 그러므로 여성이 주체적 판단을 하거나 자율적 행위를 하는 것은 바람직하지 않다고 여겨진다. 소피는 자신이 한 행위로 평가되는 것이 아니라 남편의 판단과 주위의 평판으로 자신이 평가된다는 것을 각인해야 한다. 소피의 역할이 가치 있고 매력 있으며 미덕을 갖추고 있는 것만으로는 충분하지 않고 남편과 사람들로부터 인정받아야 한다는 것이다. 소피는 자신의 역할과 가치를 남편에게 의존하도록 교육받음으로써 에밀에게 순순히 복종하는 부인으로 길러져야 한다. 이런 요구는 여성이 '성적sexual' 인정투쟁에서는 주인이지만 존재감에 결정적인 사회적 인정투쟁에서는 노예라는 주장으로 해석해야 할 것이다.

셋째, 여성은 가사를 위한 실용적 지식과 기술만을 배워야 한다. 소피는 "여성 고유의 사명은 아이를 낳는 일"(522)로 알고 출산과 양육에 헌신해야 한다. 소피에게도 판단력과 사고력을 발달시키는 교육이 주어지지만, 그것은 오로지 자녀를 양육하고 남편을 내조하는 데에만 쓰여야 한다. 그래서 그 교육 과정에서 성차를 고려해야 한다. 루소는 여자의 이성이 남성과 달라서 이미 주어진 목적을 달성하는 방법을 찾는 일에는 탁월하지만 목적 그 자체를 찾아내지는 못한다고 주장한다. 원리를 발견하고 목적을 설정하는 일 그리고 추상적인 이론의 탐구, 과학 원리 검증, 일반적 추론은 오직 남성에게만 적합하며 여성에게는 능력 밖의 일이다. 주어진 원리를 적용하여 목적을 달성할 수 있는 수단을 찾는 일만이 여성의 몫으로 남는다. 교육 과정으로 말하자면 남성에게는 직업교육 과정과 학문적 교육 과정이 함께 필요하지만 여성에게는 오직 가사실습만이 필요하다는 주장 같다. 루소는 만약 여성의 학문이 깊고 식견이 뛰어나고 능력이 출중하더라도 그것을 사회에서 과시하고 사회적 지위를 획득하는 데 사용하면 '재난의 근원'이 된다고 경고한다. 소피가 교육을 통해 습득하는 지식과 기술은 오로지 양육과 가사를 위한 것에 제한되어야 한다.

마지막으로 여성은 남편을 잘 조언하고 인도하여 가장과 시민으로서의 책임을 알게 해 주어야 한다. 이를 위하여 여성은 남성을 깊이 관찰하고, 자신이 못하는 일 그리고 자신에게 필요한 일을 남성에게 시킬 수 있는 기술을 익혀야 한다. 여성은 자신의 강점인 아름다움과 교활함이라는 재능이 있음에 유의하여 그것을 활용하여 남성이 자기 말을 듣게 함으로써 남성을 조종할 수 있어야 한다. 그러나 그런 기술은 소피 자신의 쾌락을 위해서가 아니라 가정의 행복을 증진하는 일 그리고 에밀이 가장의 의무를 다하도록 안내하는 일에 사용해야 한다. 예를 들어 에밀이 자녀 양육에 관심을 두게 하거나 그의 폭력성을 진정시키는 목적으로 활용해야 한다. 소피의 역할로 가장 중요한 것은 에밀이 가정에 안주하지 않고 시민의 의무를 다하도록 충고하고 권장하는 것이다. 앞서 말한 대로 가정이 중요한 것은 국가의 기초이기 때문이므로 에밀이 가장의 의무보다 시민의 의무를 더 소중하게 이행하도록 응원하는 역할이 소피에게 부과되는 것이다. 루소는 여성이 지혜롭지 못하여 남성을 잘 다루지 못하면 "여성은 남성의 반려가 아니라 노예"로 전락하지만, 남성을 조종하여 행복한 가정과 국가를 만드는 데 기여하면 "여성은 남성과 동등한 지위를 차지하고, 복종하면서도 남성을 지배"할 수 있다고 본다(537).

그러나 루소의 말대로 소피가 에밀을 지배할 수 있게 되더라도 그것은 그녀의 자아실현과는 무관한 '공허한 지배'일 것 같다. 인정투쟁의 개념으로 설명하면, 소피는 남편과 자녀가 성취한 것을 마치 자신의 성취인 것처럼 타자에게 인정받고자 하는 셈이니, '노예의 노예'가 되는 모양으로 보인다. 루소가 제시하는 여성교육의 가장 큰 문제는 여성을 고유한 인격으로 인정하지 못하고 고유한 필요성과 욕구가 있다는 것도 인식하지 못하는 데 있다. 아동을 작은 어른이 아니라 특유한 필요성과 욕구가 있는 존재로 인정한 루소가 여성의 존재를 무시한 것은 실망스럽기까지 하다. 그러나 당시의 관습에서 시민은 남성이어야 하고 루소도 그것을 뛰어넘지 못하였으므로 아동 존중은 애초부터 남아에게 국한된 것이다.

현대사회에서는 여성도 시민이므로 그런 성차별적 교육을 받은 여성이 바람직한 시민으로 성장하기를 기대하기는 어렵다. 또한 그런 여성이 어머니로서 자녀를 이상적인 시민으로 준비시킬 것을 기대하기도 어렵다. 마찬가지로 성차별적 역할만을 알고 있는 남성은 시민사회에서 여성을 동료 시민으로 상호존중하고 협력하는 방식에 무지하므로 루소가 구상하는 사회계약의 실현에 큰 걸림돌이 된다. 시민이 양육과 가사 같은 가족의 일에 무지하다면, 자신과 가족에게 영향을 미치는 정책, 예를 들면 복지와 보육 정책에 관심도 없고 관여할 능력도 없는 무능한 시민이 될 것이다. 루소가 제시한 발달 단계를 잘 이행하여 동정과 공감 그리고 도덕성이 충만한 남성이 가족의 돌봄을 여성의 역할로 간주하고 유독 무심해야 한다는 주장도 논리적으로 납득하기 어렵다. 소피가 받는 성차별적 교육은 여성을 시민으로 만드는 데 실패할 뿐 아니라 에밀을 건전한 시민으로 만드는 데도 실패하는 교육이 될 것이다.

● 5권 시민교육

5권에서 시민교육이 차지하는 양은 의외로 적다. 번역본을 기준으로 할 때 5권 전체가 대략 200쪽이 되는데, 그중 150쪽 정도를 여성교육, 결혼, 가정에 관한 이야기가 차지하고 시민교육은 40쪽 정도에 불과하다. 나머지는 에밀과 교사의 대화이다. 시민교육에 관한 양도 적고 그 내용도 이제까지의 교육보다 상세하지 못하여 『에밀』이 시민교육의 지침을 제공하기에 부실하다는 비판을 받기도 한다. 아마 루소는 도덕교육이 완성되어 정의와 양심대로 사는 인간이 순리처럼 좋은 시민이 될 것이라고 기대하는 것 같다. 루소 (679)는 국가를 "도덕적 집합적 일체"라고 개념화하는데, 그가 추종하는 플라톤처럼 정치는 곧 윤리이자 교육이라고 생각하는 것으로 보인다. 그럼 도덕이 완성된 에밀은 별도의 교육 없이도 시민이 될 수 있다. 그래서 루소는 시민의 역할과 국가의 구성에 관한 중요 원칙을 학습하는 것으로 시민교육이 충분하다고 생각하는 것 같다. 이런 점을 고려하면서 시민교육을 알아보자.

여행을 통한 에밀의 시민교육은 2년 정도에 걸쳐 진행된다. 여행의 목적은 많은 곳을 돌아다니는 '파발꾼'이 아니라 관찰하고, 조사하고, 느끼고, 어울리고, 즐기는 '여행자'로서의 여행이 되어야 한다. 루소(602)는 이를 "목적지에 닿는 것만이 소원이라면 역마차로 서두르는 게 좋을 것이다"라고 재미있게 표현한다. 어떤 사람들은 많은 곳을 가서 많은 '인증 샷'을 찍고 SNS에 올리는 것을 여행의 '전리품'으로 자랑한다. 여행의 목적을 남들에게 보이고 인정받는 것에 두는 것이니 여행도 인정투쟁의 한 방편으로 여기는 사람들이다. 반면에 요즈음 걷는 여행, 느린 여행, 오지奧地 여행을 즐기는 사람이 늘어나는 것을 보면 루소의 권고처럼 새로운 환경에서 자신의 내면과 직면하는 경험을 해야 하는 사람들도 늘어나는 것 같다.

여행의 목적은 시민교육이다. 시민으로서 다른 시민들과 사회와 맺어야 하는 관계를 여행을 통하여 배워야 한다. 시민교육은 "자신의 지배자"가 되고 덕 있는 사람이 되는 것이며 "완전한 자유"가 무엇인지 배우는 것이다(655). 자유로운 주체가 되기 위하여 자생력을 갖추는 것에 더하여 공생의 힘과 상생의 힘을 갖추어 사회의 주인인 시민이 되어야 한다. 구체적으로는 시민의 역할과 의무, 정부, 법, 국가의 운영, 통치의 본질과 형태 그리고 자발적 의지에 의한 사회계약과 공동체 참여를 배우는 것이 시민교육의 내용이다. 에밀은 이러한 교육을 통해 사회의 주인인 시민이 됨으로써 진정한 자유를 누리는 자신의 주인이 될 것이라 기대된다.

시민교육은 에밀이 여행에서 학습할 것으로 기대되는 내용을 교사가 강의하는 방식으로 전달된다(671 이후). 특히 그 일부(676-687)는 루소가 같은 시기에 쓴 『사회계약론』의 발췌로 알려져 있으니 그 책과 함께 읽어도 좋겠다. 루소(671)는 에밀이 자연교육, 도덕교육을 마쳤으니 이제 "동료 시민들과 시민적으로 관련된 자신에 대하여 성찰"하는 시민교육을 이수해야 한다고 말문을 연다. 시민교육의 중심 내용은 통치기구의 일반적 본질과 실제 통치 형태를 연구하여 자신에게 가장 적합한 통치 방식을 찾는 것이다.

시민교육의 가장 근본이 되는 원칙은 주권sovereignty이 인민에게 있고 인민이 주권을 행사해야 하며, 주권은 양도할 수 없다는 것이다. 인민들은 각자 살 수 없으므로 통치를 위하여 주권을 양도하는 것이 아니라 위임하여 정치체body politics를 구성한다. 그것은 도덕적 집합체로서의 주권국가 sovereign state이다. 국가의 통치 혹은 주권에 대하여 세 가지 의지가 작용한다. 그것은 개별의지, 단체의지will de corps, 일반의지이다. 개별의지는 사적 관심으로 특권을 지향한다. 일반의지는 공공의 관심으로 평등과 공동 이익을 지향한다. 단체의지는 정부의 의지로서 주권을 위임받아 통치하는 의지이다. 그러므로 국가의 주권은 개별의지가 아니라 일반의지에 의하여 형성되어야 하고 시민들은 일반의지를 따라야 한다. 주권의 본질은 일반의지에 있다.

앞에서 여러 차례 강조한 것처럼 루소의 최대 관심사는 이성과 감성을 인정투쟁에 쓰지 말고 공동의 이익 실현에 활용하여 근대의 타락을 극복하는 것이다. 일반의지는 바로 모든 시민의 자유와 권리가 평등하게 보장되는 법과 정책으로서 공익과 공공선을 추구한다. 루소(679)는 "우리는 모두 공동으로 자기의 재산, 인격, 생명 그리고 자기 힘의 일체를 일반의지의 최고 지위에 맡긴다. 그리고 모두 함께 전체의 분할할 수 없는 구성원으로 각자의 부분을 맡는다" 라고 설명한다. 일반의지에 참여를 통하여 인정투쟁의 적대적 관계가 상호존중의 관계로 전환되고 평등과 자유도 실현될 수 있다. 루소는 일반의지의 추구를 통하여 이상적 사회가 실현되고 인간의 완전가능성도 긍정될 수 있다고 기대한다.

일반의지는 시민들이 자신의 주권을 공동체에 양도하는 '사회계약'을 맺어야 구현된다. 일반의지는 개별의지를 합한 것이 아니다. 사회계약은 일반의지에 자신의 주권을 양도하고 일반의지에 복종한다는 약속이다. 사회계약은 흔히 입법의 형태로 이루어진다. 시민들은 숙고, 토의, 투표 등을 통하여 가장 정의로운 법을 선택한다. 사회계약은 시민 주권에 의하여 성립되지만 일단 성립되면 시민들은 자신의 주권에 의하여 선택하였으므로 그것을 공통 주권으로 인정하고 복종해야 한다. 이런 식의 직접민주주의는 현재에도 스위스의 란츠게마인데Landsgemeinde 방식 등에서 찾을 수 있다. 우리나라 헌법도 중요 정책에 관해서는 국민투표를 실행할 수 있다고 명시한다.

개인은 주권자에게 복종해야 하며 주권은 바로 일반의지이다. 그러므로 각자는 주권자에게 복종함으로써 자기 자신에게 복종하는 것이 될 것이며, 이렇게 사회계약에 의해서가 자연 상태에 있을 때보다 더 자유로워진다(680).

일반의지를 따를 때 모든 시민은 주권자인 동시에 복종자가 된다. 루소는 국가의 구성원으로서 개인이 주권을 행사하는 자로서는 '시민'이고, 일반의지인 주권에 복종하는 자로서는 '신민subject'이라고 구분한다. 그런데 위 인용문에서 보는 바와 같이 루소는 시민들이 복종함으로써 더 자유로워진다고 설명한다. 이러한 복종은 '굴종'이 아니며 동의와 존중을 뜻한다. 역설적으로 보이는 '자유로운 복종'이 가능한 이유는 사회계약에서 "시민은 자기 자신과만 계약하고 있기 때문이다. 즉, 주권자로서의 시민 전체가 신민으로서의 개인과 계약하고 있는 것"(680)이기 때문이다. 시민은 신민이지만 봉건사회의 신민과 다른 것은 군주에게 복종하는 것이 아니라 자신이 선택한 일반의지에 복종하는 것이며, 일반의지는 자신의 자유와 이익을 증진하기 때문이다. 자신들의 자유의지로 선택한 것을 따르므로 시민들은 행위자agent가 되는 것이며 행위자는 자유롭다.

그러므로 시민들은 각자의 권리를 자유롭게 행사하지만, 임의로 행사해서는 안 된다. 시민들은 시민사회의 일원으로서 모두의 권리가 보장될 수 있는 입법에 평등하게 참여하고 법이 구현하는 일반의지에 복종해야 한다. 재산권을 예로 들자면 (개인의 이익이 최대화되도록 개별적으로 재산권을 행사하는 것이 아니라) 자신의 이익이 공익과 조화될 수 있도록 재산권 행사에 관한 입법에 참여하여 일반의지가 반영된 법에 복종하면서 재산권을 행사하는 방식이다. 일반의지와 사회계약은 시민들이 유기체적인 관계를 맺어 공생하고 상생하게 하는 사회제도로서 루소는 다음과 같이 설명한다.

시민의 가치는 사회유기체인 전체와의 관계에 의해 결정된다. 훌륭한 사회제도는 인간을 그의 독립성을 의존성과 맞바꾸고 자신을 집단의 부분으로 인식하는 사회적 존재를 생산하기에 최적의 것으로서, 인간은 자신을 개체가 아니라 전체 중 일부로 간주하고 오직 공동생활만 염두에 두게 한다(16. 필자의 번역).

인정투쟁은 타인과의 비교에 몰두하고 타인의 평판에 의존하는 행위이다. 하지만 일반의지에 자발적으로 참여하면 상호존중이 비교를 대체하고 시민공동체가 타인을 대체하게 되어 자유와 평등이 확보된다. 시민들이 자유의지에 의해 일반의지를 선택하였으므로 그것을 통하여 시민들의 자유와 평등이 확대되고 사회 전체의 공익이 증진된다.

시민이 사회계약으로 평등한 주권을 행사하면 일반의지의 구현, 즉 법과 국가의 운영은 시민들에 의하여 통치자들에게 위임될 수 있다. 주권을 양도할 수는 없어도 위임할 수는 있는 것이다(682). 통치자들의 조직은 정부인데, '개인의지'가 사회계약을 통해 '일반의지'를 법으로 제정하고, 정부는 '단체의지'로서 일반의지에 의하여 통치행위를 하게 된다. 단체의지가 조직되는 방식은 국민의 특성과 국가의 크기에 따라 달라진다. 루소에 의하면 작은 규모의 국가에 적합한 '민주정치', 큰 규모의 국가에 적합한 '군주정치' 그리고 중간 규모의 국가를 위한 '귀족정치'로 나뉜다(685). 어떤 형태의 국가이든지, 루소는 시민들의 '참여정치'를 지지한다. 그러나 시민들의 참여가 없는 '대의정치'에는 반대한다. 시민들은 자신들에게 영향을 미칠 사안을 스스로 결정할 의지를 갖고 결정에 참여해야 한다. 시민들의 참여는 자유롭고 평등하다. 자기결정 또한 자유롭고 평등하다. 자기결정권이 있으므로 시민은 자신의 지배자로서 완전한 자유를 누릴 수 있다. 이렇게 공공선이 우위에 서고, 공공의 것이 중요하게 인정되는 법치국가가 '공화국republic'이다. 일반의지와 사회계약으로 지배되는 공화국에서 개인은 개별적 시민인 동시에 정치적·도덕적 집합체인 시민사회의 일원으로 존재한다.

 흥미로운 내용으로 루소는 어떤 통치형태에서도 그 국가의 정부가 훌륭한가를 판별할 수 있는 기준이 있다고 한다. 첫째, 인구가 증가하고 전 국토에서 고루 분포되어 있어야 한다. 통치가 저열하여 시민들이 살기 힘들면 출산이 감소하고, 도농 간에 경제 불평등이 심하면 도시에만 인구가 몰리게 된다. 둘째, 사람들의 행위가 관습에 의하여 자연스럽게 이루어져야 하고 법으로 강제되어서는 안 된다. 루소는 영국에서 농사짓는 사람에게 상을 주는 예와 로마에서 독신 금지 법률이 제정된 예를 들면서, 통치가 부실하기 때문에 국가가 몰락하는 징표라고 설명한다. 이는 매우 단순한 기준이지만 우리 사회를 평가하는 데 적용할 수 있는 여지가 있겠다. 2021년 기준 한국의 출산율(출생율)은 세계 최저로 1.1명인데 이것이 지속된다면 70년 뒤 인구는 2500만 명으로 줄고, 계산상으로 2750년에는 대한민국이 아예 '사라진다'고 한다. 최근 결혼과 출산을 독려하려는 목적으로 독신들에게 세금을 물리는 정책이 검토된다는 소문이 있어 인심이 흉흉해진 적도 있었다. 농촌의 공동화와 수도권 인구집중이 빠르게 진행되는 것도 큰 걱정거리이다.

시민교육은 에밀에게 시민으로서 의무를 다하라는 교사의 가르침으로 매듭지어진다. 자유는 통치 형태에 의하여 주어지는 것이 아니라 시민의 애국심으로 얻어진다. 에밀은 조국에 빚지지 않은 사람은 있을 수 없으며, 그 빚은 시민으로서 이성과 양심에 의하여 공공복지에 기여함으로써 보답할 수 있다고 배운다. 교사는 에밀에게 이제까지의 교육을 상기시키면서, 이기심을 극복하고 공익을 위하여 헌신할 각오를 하도록 촉구한다. 교사는 시민의 의무를 다하는 사람은 어디에 있어도 자유인이고, 그렇지 못한 사람은 어디에 살아도 노예로 전락한다고 힘주어 설명한다. 나아가 만약 에밀이 통치자로 선출되면 그 임무를 기꺼이 받아들이고, 로마에서는 쟁기를 들고 일하는 자만이 통치자로 선출된 것을 기억하여 힘든 일을 솔선수범하고 공정하게 의무를 완수해야 한다고 다진다. 에밀이 시민과 통치자의 역할을 적극적으로 수행해야 한다는 가르침은 (플라톤의 『국가론』 7권의 마지막에서 그런 역할이야말로 "그들이 본보기로 삼고 생애를 통해 나라와 동포들과 자기 자신에 대하여 행할 바의 전형"으로서) "반드시 해야 하는 일이기 때문에 하는 것이지 결코 자기 개인의 이익을 위해서"가 아니라는 소크라테스의 가르침을 떠오르게 한다. 다른 점이 있다면 『국가론』에서는 철인 왕이 통치하지만 이제는 시민이 통치해야 한다는 것이다. 자연인의 교육, 사회인의 교육, 시민의 교육을 다 거친 뒤 자생력, 상생력, 공생력을 갖춘 에밀은 이제 시민으로서 살아가도록 기대되고 교육은 완료된다.

# 5장
## 맺으면서

　루소가 세상을 떠난 지 3백 년이 지났어도 『에밀』은 인간과 사회 그리고 교육에 관한 이론과 실천에 깊고 긴 울림을 주고 있다. 『사회계약론』과 더불어 『에밀』이 프랑스혁명에 사상적 토양을 제공한 것은 널리 알려져 있다. 루소는 그러한 업적을 인정받아 혁명 중 프랑스 명예시민으로 추대되고 그의 묘는 국가가 바치는 최대의 감사와 존경을 상징하는 판테온으로 이장된다. 그의 묘비에 있는 헌정사는 그의 공적과 더불어 로베스피에르Robespierre가 전제정치로 혁명을 변질시키는 데에 그의 주장이 쓰였다는 과오도 기록하고 있다. 그러나 그런 과오는 루소가 직접 저지른 것이 아니다. 이 기록은 루소가 자신을 일컬었듯이 '역설투성이의 인간'임을 극적으로 보여 준다. 긍정적이건 부정적이건 루소가 근대사회에 남긴 영향은 크다.

『에밀』에 가장 크게 감명을 받은 철학자로는 칸트가 꼽힌다. 매일 정해진 시간에 산책을 하는 것으로 유명한 칸트가 딱 한 번 시간을 어긴 것도 『에밀』을 읽다 삼매경에 빠져서 그렇게 되었다는 이야기 그리고 그의 소박한 방에 루소의 초상화가 유일하게 걸려 있었다는 이야기가 전해진다. 칸트는 『에밀』이 출판된 다음 해인 1763년에 『에밀』을 읽은 것으로 알려지고 있다. 그 감상을 『아름다움과 숭고함의 감정에 관한 고찰Observations on the Feeling of the Beautiful and Sublime』이라는 책에서 "내가 더 이상 루소 문체의 아름다움에 현혹되지 않고 내 생각에 비추어 그를 이해하게 될 때까지 나는 여러 번 그의 책을 읽어야 했다"고 쓰고 있다. 칸트는 루소가 연구자의 역할로 만족했던 자신을 부끄럽게 느끼도록 만들었다고 하면서, 에밀을 교육하는 것처럼 한 인간을 교육하는 일에 대한 헌신은 고귀한 일이며, 『에밀』이 미래의 학교를 제시하고 있다고 칭송한다. 특히 칸트 철학에서 인식은 대상이 아니라 주체subject에 의하여 결정된다는 전환이 이루어지고, 도덕의 보편적 측면과 실천적 측면이 조명된 이유는 『에밀』에서 얻은 통찰력 덕분이라는 해석이 유력하다. 헤겔도 『사회계약론』과 『에밀』을 읽었으며 학생 시절에 루소의 사상을 깊이 추종하였다고 한다. 헤겔은 루소의 인정투쟁 개념을 발전시킨 주인과 노예의 투쟁 구도를 통하여 소외 개념을 세운다. 또한 루소가 사회의 구성 원리로 제시한 '의지' 개념은 받아들이지만, 그의 개념을 비판하면서 일반의지가 인민에서 나오는 것이 아니라 입헌군주로 대표되는 국가에서 비롯된다는 주장을 펼친다. 또한 루소는 괴테에게 영감을 제공하여 문학과 예술 분야에서는 19세기 낭만주의의 선구자로 여겨진다.

『에밀』은 교육에 미친 영향이 가장 크다. 교육은 개인의 자율성을 진작할 뿐 아니라 사회 구성원으로서 더 바람직한 사회 건설에 기여하게 해야 한다는 루소의 구상이 특히 그러하다. 『에밀』은 교육의 이론과 실제, 예를 들자면 자유주의교육, 공동체주의교육 그리고 참여민주주의교육 등의 이론과 실천을 발전시키는 데 밑거름 역할을 하고 있다. 반면에 그가 제안한 시민교육은 시민종교 수준의 강한 일체감을 요구하여 위에서 소개한 것처럼 아나키즘이나 전체주의를 정당화하는 혐의가 있다는 비난도 받는다.

페스탈로치Pestalozzi와 프뢰벨Fröbel은 루소의 교육철학을 실험하면서 더 유용하게 하고자 노력한 대표적인 교육가다. 페스탈로치는 『에밀』을 읽고 큰 감명을 받아 사회 불평등을 해소하는 방안으로서 학교를 세우고 자연주의교육과 생활교육을 시도하였다. 프뢰벨 역시 페스탈로치와의 만남을 통해 루소의 교육철학에 공명하게 된다. 두 교육학자 모두 억압적 교육 방식을 배격하고 아동들이 놀이와 노작활동을 통하여 자신과 세계를 탐구하면서 독립적이고 협력적인 사회 주체로 성장하게 하는 교육을 추진하였다. 듀이Dewey도 루소의 교육철학에 지대한 관심을 가지면서 실험학교를 설립하였고, 학교교육의 주요 목적이 민주사회의 실현에 기여할 수 있는 시민을 양성하는 데 있다는 것을 재정립한다. 이러한 이론과 실천은 흔히 '아동중심교육', '경험중심교육' 그리고 '생활중심교육'으로 불린다. 이러한 명칭들은 루소의 교육철학을 신비화하기도 하고 오해를 낳기도 하지만, 규격화된 교육을 비판하고 사회 개혁에 기여하는 교육 대안을 상상하는 지렛대로 유용함을 잘 보여 준다.

　지금도 교육, 정치, 윤리, 철학의 다양한 분야에서 루소의 사상에 대한 연구와 실천은 활발하게 지속되고 있다. 지난 2012년 루소 탄생 300주년을 계기로 그에 대한 재조명 작업이 더 활력을 찾게 되었다. 그의 사상은 여전히 살아 있고 재해석되고 있는 것이다. 루소는 실제로 학교를 설립하지도 않았고, 오직 에밀이라는 아동과 함께 살아가는 한 개인교사의 교육을 보여 줄 뿐이었는데 그런 관심이 지속된다는 것은 놀라운 일이다. 그렇게 길고 깊은 울림이 있는 이유를 에밀이 누구인가 다시 한 번 생각하면서 짚어 보자. 에밀은 자율적이고 독립적으로 판단하여 자신의 힘으로 삶의 도전을 해결하고, 타인의 고통과 인류의 불행을 자신의 일처럼 공감하며, 타인과 상호존중하고 협력하면서 공동선을 위하여 노력하는 시민이다. 교육 경쟁을 통하여 인정투쟁이 격화되고 무한 욕망이 조장되지만 공공성과 정치참여가 쇠락하는 이 시대야말로 에밀 같은 시민을 기를 수 있는 교육을 절실하게 요구한다. 루소의 시민교육이 사회 정의가 위기에 처했을 때 그것을 혁신하는 데 헌신하는 시민을 육성하는 것을 목표로 하는 것은 명백하다. 루소(256)는 마치 오늘날 우리에게 말하는 것처럼 "당신들은 현재의 사회 질서를 너무 믿고 있어서 … 위기와 개혁의 시대에 다가가고 있다는 것을 깨닫지 못하고 있다"고 경고한다. 나 자신을 어떻게 개혁할 수 있는가 그리고 교육 개혁과 사회 개혁을 어떻게 추진할 수 있느냐는 물음이 아직 남아 있다면, 루소는 『에밀』의 서문에서 이미 그 물음에 답하였다. 실행이 가능한지 아닌지는 여러 가지 상황에 달려 있으므로 진정으로 실행을 원한다면 원하는 사람이 사회적 상황을 지혜롭게 고려하여 방안을 찾으라는 것이다. 개혁은 이 시대를 살아가는 우리의 몫이다.

# [ 세창명저산책 ]

**세창명저산책**은 현대 지성과 사상을 형성한 명저를 우리 지식인들의 손으로 풀어 쓴 해설서입니다.

· 세창명저산책은 계속 이어집니다.